NOTES

EXTRAITES

D'UN MANUEL FINANCIER

A L'USAGE

DU DÉPARTEMENT DE LA MARINE,

PUBLIÉ EN 1860.

> L'administration des Finances est, de toutes
> les parties du Service public, celle qui touche
> le plus immédiatement aux divers intérêts de
> la Société.
>
> (*Notice historique sur la Comptabilité publique.*
> — M. le Marquis d'AUDIFFRET. — 1838.)

PARIS.

IMPRIMERIE IMPÉRIALE.

M DCCC LX.

NOTES

D'UN MANUEL FINANCIER

À L'USAGE

DU DÉPARTEMENT DE LA MARINE,

PUBLIÉ EN 1860.

NOTES

EXTRAITES

D'UN MANUEL FINANCIER

A L'USAGE

DU DÉPARTEMENT DE LA MARINE,

PUBLIÉ EN 1860.

—◦—

> L'administration des Finances est, de toutes les parties du Service public, celle qui touche le plus immédiatement aux divers intérêts de la Société.
>
> (*Notice historique sur la Comptabilité publique.* — M. le Marquis D'AUDIFFRET. — 1838.)

PARIS.

IMPRIMERIE IMPÉRIALE.

—

M. DCCC LX.

Paris. — Août 1860.

Malgré les nombreux changements survenus depuis treize ans dans la législation financière, le *Manuel* que nous avions fait imprimer au mois de mars 1847, et qui figurait aux deux *Règlements d'armement* des 27 novembre et 9 décembre 1852, a été maintenu dans le nouveau règlement général du 15 juillet 1859 parmi les documents à délivrer aux officiers chargés, à divers degrés, du service administratif à bord des bâtiments de la Flotte.

Nous avons eu, dès lors, la pensée de reprendre notre œuvre, de la refondre, et de la mettre en harmonie avec la législation actuelle.

Après avoir obtenu, à cet égard, l'autorisation du Ministre, nous nous sommes efforcé de tenir compte en même temps et des prescriptions générales applicables à tous les Services publics, et de la réglementation particulière résultant de la spécialité des divers Services de la Marine. Nous avons fait de notre mieux pour ne rien omettre d'essentiel.

Les subdivisions du présent travail sont à peu près celles

du premier *Manuel*. Elles sont seulement plus développées. En voici la nomenclature .

Comme dans le précédent *Manuel*, nous avons reproduit, autant que possible, le texte des anciennes prescriptions restées en vigueur.

Qu'il nous soit permis, à cette occasion, de répondre à une objection qu'on nous a faite. Nous y tenons d'autant plus que cette objection touche à la base même de notre travail.

Pourquoi, nous a-t-on dit, au lieu de remonter à l'origine des prescriptions législatives et autres, ne vous êtes-vous pas borné à citer seulement les actes qui les ont reproduites?

Nous avons eu pour cela plusieurs motifs.

D'abord, et tout en rappelant d'ailleurs, dans beaucoup de cas, les règles nouvelles, il nous a semblé convenable de rappeler également leur origine, et de constater ainsi la continuité de la tradition.

D'un autre côté, telle règle de Comptabilité, par exemple, reproduite accidentellement et comme appoint, dans certains règlements nouveaux qui ne comptent pas moins de deux cents et quelquefois même de six cents articles, serait passée presque inaperçue et n'aurait eu, dès lors, ni le caractère, ni l'autorité qui relèvent, en définitive, le commandement administratif. — Il est bon, d'ailleurs, que chaque chose soit à sa place.

Une dernière considération nous a surtout déterminé. En écartant l'origine même des prescriptions, nous aurions été conduit à passer sous silence un des actes que nous tenions le plus à mettre en relief, la grande et belle ordonnance du 14 septembre 1822 sur la Comptabilité publique. Or il ne pouvait en être ainsi de cette ordonnance, à laquelle remonte en majeure partie l'admirable système financier de la France, et dont tous les articles, *sans excep-*

tion, toujours reproduits depuis près de quarante ans, servent encore aujourd'hui de règle et comme de fondement à l'édifice moderne, malgré l'ancienneté de leur date [1].

BLANCHARD,

Directeur au Ministère de la Marine.

[1] Les *vingt-deux* articles dont se compose l'ordonnance du 14 septembre 1822 sont ainsi reproduits dans les titres du présent *Manuel*, savoir :

Au titre *Budgets*, les articles 1 à 6;

Au titre *Comptes*, les articles 18 à 22;

Au titre *Ordonnancement*, — S 1er, Ordonnances, mandats et écritures, — les articles 7, 8, 9 et 16;

Au même titre, — S 2, Dispositions communes aux dépenses du Personnel et du Matériel, — les articles 10 à 15;

Au titre *Dispositions diverses*, — S 8, Services régis par économie, — l'article 17.

Nous ne saurions mieux faire, pour terminer sur ce point, que de rappeler en quels termes M. le Marquis d'Audiffret, Président de chambre à la Cour des comptes, parlait de l'ordonnance du 14 septembre 1822, dans la *Notice historique* qu'il fit imprimer pour la Commission chargée, sous sa Présidence, par arrêtés ministériels des 4 août 1836 et 18 juillet 1837, de la préparation de l'ordonnance du 31 mai 1838 sur la Comptabilité publique.

Après avoir défini le caractère général de l'ordonnance du 14 septembre 1822, M. le Marquis d'Audiffret ajoute :

. . . .

« Ce règlement trace à chaque Administrateur la route qu'il doit suivre, depuis le « premier degré jusqu'au dernier terme de son travail. Il renferme, pour la pre- « mière fois, l'exercice dans une durée précise, et ne lui fait embrasser que le *ser- « vice fait pendant une année*; il détermine ainsi la mesure juste et commune de toutes « les demandes de crédit; il restreint le développement, jusqu'alors illimité, des exi- « gences de chaque Ministère dans une période de douze mois, et il assure enfin « une base fixe et positive aux prévisions de la Législature; il veut que, désormais, « aucune disposition ne soit faite sur le Trésor avant que la répartition royale n'ait « assigné la portion du budget qui doit appartenir à chaque article de dépense; il « défend tout accroissement des crédits légalement ouverts, par des ressources qui « leur seraient étrangères, et saisit, en conséquence, les préposés du Domaine pu- « blic du produit de la vente des objets hors de service, et ceux du Trésor des resti-

« tutions accidentelles opérées par les parties prenantes sur d'anciens exercices, de
« manière à ne laisser à l'Ordonnateur que les fonds dont l'emploi est déterminé
« d'avance par un vote spécial.

« Après avoir ainsi fixé le point de départ et resserré dans de sages limites la
« carrière de chaque administrateur, l'ordonnance du 14 septembre 1822 lui in-
« dique les formes qu'il doit observer dans la délivrance de ses mandats, pour leur
« imprimer un caractère de régularité qui leur fasse ouvrir les caisses du Trésor :
« elle exige d'abord la signature du Ministre responsable ou celle de son délégué,
« avec l'indication de l'exercice et du chapitre qui doit supporter l'imputation lé-
« gale de la dépense; elle prescrit ensuite la production au Payeur de toutes les
« pièces nécessaires pour lui démontrer qu'il acquitte une dette de l'État dans la
« main d'un créancier réel.

. . . .

« Ces règles précises ont eu pour effet immédiat de fermer toute chance de retour
« aux désordres de l'arriéré, de hâter la marche des Services, d'accélérer la recon-
« naissance et l'acquittement des droits des créanciers, de faire rentrer au Trésor les
« fonds restés disponibles sur les crédits, après avoir satisfait aux besoins prévus et
« exigibles.

. . . .

« Après avoir fondé les principes et tracé les règles d'administration qui viennent
« d'être analysées, ce même règlement soumet tous les Ordonnateurs au joug d'une
« seule méthode et aux procédés uniformes d'une Comptabilité descriptive destinée
« à saisir, au moment même où elles ont pris naissance, toutes les charges du Per-
« sonnel et du Matériel, à enchaîner, en quelque sorte, par des écritures journa-
« lières, les résultats de l'Administration, ses ordres de travail, ses commandes des
« fournitures, ses décisions sur les devis, sur les marchés, sur les adjudications et
« sur tous les actes qui engagent le Trésor. »

. . . .

TABLE DES MATIÈRES.

DATES.	ANALYSES.	PAGES du manuel.
	doivent être rendues sur l'avis du Conseil des Ministres et insérées au Bulletin des lois. — Elles sont réunies en un seul projet de loi pour être soumises à la sanction des Chambres dans leur plus prochaine Session. — Les crédits extraordinaires doivent former un chapitre particulier du compte. — Les crédits supplémentaires sont votés et justifiés par articles......	34
23 mai 1834..	Loi portant fixation du budget des dépenses de l'exercice 1835.	
	Art. 11 et 12. — La faculté d'ouvrir des crédits supplémentaires, accordée par l'article 3 de la loi du 24 avril 1833, n'est applicable qu'aux dépenses concernant un *service voté*. — Les crédits extraordinaires sont exclusivement réservés à des services qui ne pouvaient pas être prévus par le budget....................	36
18 juillet 1836.	Loi portant fixation du budget des dépenses de l'exercice 1837.	
	Art. 5. — Toute demande de crédits, faite en dehors de la loi annuelle des dépenses, doit indiquer les voies et moyens qui seront affectés aux crédits demandés..................	37
8 août 1847..	Loi portant fixation du budget des dépenses de l'exercice 1848.	
	Art. 8. — Suppression de la faculté de reports d'un exercice à l'autre, accordée par des lois spéciales..............................	38
19 mai 1849..	Loi portant fixation du budget général des dépenses et des recettes de l'exercice 1849.	
	Art. 14. — Les suppléments de crédit ne peuvent être accordés que par une loi, sauf le cas de prorogation de l'Assemblée nationale.........	*Ibid.*
13 nov. 1849..	Loi relative à la formation d'un tableau des crédits	

DATES.	ANALYSES.	PAGES du manuel.

Titre IV. — Ordonnancement.

§ Iᵉʳ. — ORDONNANCES, MANDATS
ET ÉCRITURES.

DATES.	ANALYSES.	PAGES du manuel.
8 février 1850.	(*Services administratifs.*) — Circulaire au sujet des documents concernant la *Comptabilité des droits constatés.* — État des commandes aux fournisseurs à adresser au Ministre....................	187
8 mars 1850.	(*Secrétariat général et Comptabilité.*) — Circulaire. — La faculté de requérir est interdite pour les dépenses de l'exercice 1849. — Rappel aux prescriptions de la circulaire du 28 mai 1848....	188
8 nov. 1850.	(*Secrétariat général et Comptabilité.*) — Circulaire. — Instructions pour la mise à exécution du décret du 11 août 1850, qui abrége de deux mois les termes assignés par l'ordonnance du 31 mai 1838, pour l'apurement, la liquidation et le payement des dépenses publiques. — La faculté des *réquisitions* est ramenée au quatrième mois de la seconde année................	190
7 juin 1851.	(*Secrétariat général et Comptabilité. — Services administratifs.*) — Circulaire. — Rappel à l'exécution des instructions du 31 décembre 1847 sur la *Comptabilité des droits constatés*..............	191
28 juillet 1852.	(*Cabinet.*) — Circulaire. — *Comptabilité des droits constatés.* — Le Ministre rappelle les Ordonnateurs secondaires à l'exacte exécution des prescriptions du § 5 de l'instruction du 31 décembre 1847...	192
12 janv. 1853.	(*Comptabilité générale.*) — Circulaire. — Modifications apportées aux documents de la *Comptabilité des droits constatés*, en ce qui concerne les *relevés de mandats* et les *certificats comptables*...	193
28 avril 1853.	(*Comptabilité générale.*) — Circulaire. — Rappel à l'exécution des ordres de service concernant l'envoi opportun des documents de la *Comptabilité des droits constatés* et autres............	194
9 février 1854.	(*Comptabilité générale.*) — Circulaire. — La faculté de requérir est interdite pour toute dépense afférente à l'exercice 1853. — Rappel aux prescriptions de la circulaire du 28 mai 1848....	195

DATES.	ANALYSES.	PAGES du manuel.
	traite ou une demi-solde et un traitement de gardien dans la limite de 700 francs est toujours subordonné à une décision du Ministre........	286
24 mars 1852.	Décret relatif aux dotations qui peuvent être allouées aux Membres du Sénat..................	288
24 mars 1852.	Décret autorisant le cumul en faveur des officiers et sous-officiers employés dans l'Administration des Palais nationaux..................	289
8 juillet 1852.	Loi portant fixation du budget général des dépenses et des recettes de l'exercice 1853. .... Art. 27. — Abrogation des décrets des 13 mars et 12 août 1848, relatifs au cumul des traitements et pensions. — Art. 28. — Dispositions relatives aux traitements des professeurs, gens de lettres, savants et artistes..............	290
17 juillet 1852.	(*Comptabilité générale. — Invalides.*) — Circulaire sur l'abrogation des décrets des 13 mars et 12 août 1848..............................	Ibid.
21 févr. 1859.	(*Personnel. — Invalides.*) — Dépêche. — Le supplément accordé, par dépêche du 18 janvier 1859, à certains agents, fait partie *intégrante* du traitement, et il est soumis, par conséquent, à l'application des règles admises, dans le Département de la Marine, en matière de *cumul*....	292
	3° — *SALAIRES D'OUVRIERS.*	
	NOTE PRÉLIMINAIRE..................	293
15 mars 1834.	(*Fonds et Invalides.*) — Circulaire. — Instructions relatives au mode de payement des *Salaires d'ouvriers*..................	296
27 oct. 1846.	(*Comptabilité et Contrôle central.*) — Dépêche sur le payement des salaires des ouvriers de l'Ar-	

DATES.	ANALYSES.	PAGES du manuel.
	Titre V. — Dépenses de l'Extérieur.	
	### SERVICE DES TRAITES DE LA MARINE.	
	NOTE PRÉLIMINAIRE, — comprenant le tableau des dépenses de l'*Extérieur* acquittées en traites, à partir de l'année 1820, — et le relevé des actes relatifs à la Comptabilité des dépenses de l'*Extérieur*...................................	381
13 mai 1838..	Ordonnance concernant les traites tirées sur le Trésor public pour l'acquittement des dépenses de la Marine faites dans les Colonies et dans les ports étrangers.............................	409
31 août 1838.	(*Fonds et Invalides.*) — Circulaire. — Instructions et modèles pour l'exécution de l'ordonnance du 13 mai, touchant les dépenses de la Marine acquittées avec des traites.....................	413
22 avril 1841.	(*Fonds et Invalides.*) — Circulaire sur l'article 137 du règlement du 31 octobre 1840, concerté entre les Ministres des Affaires Étrangères et de la Marine, et d'après lequel les Chefs de légation, Consuls généraux et Consuls peuvent être dispensés d'intervenir dans les opérations relatives à l'acquittement des dépenses des bâtiments de la flotte.................................	439
20 oct. 1843..	(*Fonds et Invalides.*) — Circulaire sur le mode de confection des traites de bord. — Comment les formules de ces traites sont remises aux bâtiments, conservées à bord et rendues au retour.	442
30 nov. 1845.	(*Fonds.*) — Circulaire. — Envoi de l'ordonnance du 7 novembre 1845 faisant suite à celle du 13 mai 1838 sur le service des traites de la Marine. — Nouvelles instructions à ce sujet. — Collection de modèles à l'appui	444
27 janv. 1846.	(*Fonds et Invalides.*) — Dépêche à M. le Ministre des Finances au sujet de l'exécution de l'ordon-	

(1) Voir la circulaire du 27 janvier 1859. — Ces deux circulaires sont reproduites au titre du Timbre.

DATES.	ANALYSES.	PAGES du manuel.

FIN DE LA TABLE.

NOTES

EXTRA'TES

D'UN MANUEL FINANCIER

À L'USAGE

DU DÉPARTEMENT DE LA MARINE,

PUBLIÉ EN 1860.

4.

TITRE PREMIER.

BUDGETS.

TITRE PREMIER.

BUDGETS.

Le budget est la prévision des besoins de l'exercice. L'exercice est la période de temps qui s'écoule du 1ᵉʳ janvier au 31 décembre de chaque année, et qui doit comprendre toutes les dépenses faites dans cet intervalle, aucune avant, aucune après.—Voici, sur cette définition de l'exercice, une Note de M. le Conseiller d'État Boursaint, ancien Directeur de la Comptabilité de la Marine, membre de la Commission qui prépara, sous le Ministère et sous la Présidence de M. de Villèle, l'ordonnance du 14 septembre 1822, concernant la Comptabilité et la justification des dépenses publiques [1] :

« La définition de l'exercice, établie par la Commission, est juste [2].

« Il y a trois manières de constituer l'exercice :

« La première, par le crédit accordé;

« La seconde, par le service fait du 1ᵉʳ janvier au 31 décembre;

« La troisième, par les payements effectués dans le même inter-
« valle.

« De ces trois manières, la plus vicieuse, à mon avis, est la pre-
« mière.

[1] Dans le *Manuel financier*, imprimé en 1847, cette NOTE est insérée au titre COMPTES, page 32.

[2] La Commission pensait que l'exercice devait être constitué par les services faits du 1ᵉʳ janvier au 31 décembre, quelle que fût l'époque de la liquidation.

« Elle prive l'exercice de la base du temps, la seule qui puisse le
« faire comprendre, car comment comprendre des dépenses sans
« époque, dans un pays où le budget est annuel?

« Elle transforme le crédit en abonnement.

« Elle interdit aux Ministres la faculté d'excéder jamais leur crédit,
« car un forfait est une chose absolue, et si l'on veut se réserver la
« faculté de demander quand on a dépensé plus, il faut nécessaire-
« ment s'imposer l'obligation de rendre quand on a dépensé moins.

« Cette manière d'envisager l'exercice suffirait seule pour vicier
« tout le système financier d'un État.

« En effet, admettez que le crédit soit un abonnement, une con-
« cession absolue.

« Le Ministre, qui en est maître, peut l'employer pendant l'année,
« après l'année, longtemps même après l'année.

« Prenons pour exemple la Guerre, qui a 200 millions par an.

« Admettons que le Ministre tienne en réserve, tous les ans,
« 50 millions.

« Au bout de quatre ans, outre les 200 millions annuels, il aura
« donc un disponible de 200 millions de plus.

« Ainsi les contribuables auraient avancé inutilement 200 mil-
« lions en quatre ans.

« Et comment rendre les comptes d'un crédit aussi vague?

« Comment croire que les Chambres vous laisseraient accumuler,
« au détriment du Pays, des capitaux énormes que vous laisseriez
« plus ou moins de temps sans affectation?

« Comment croire qu'on accueillerait, de votre part, de nouveaux
« budgets qui seraient, comme les premiers, des ouvrages de men-
« songe et de déception?

« Les Chambres y souscriraient d'autant moins qu'en vous for-
« mant ainsi des réserves, vous annuleriez totalement leur influence,
« puisque vous auriez, pour les circonstances difficiles, des res-
« sources enlevées à la circulation, que vous ne pouvez, que vous
« ne devez attendre que du patriotisme et de la conviction natio-
« nale.

« Reconnaissons donc qu'un pareil système est insoutenable.

« Le troisième mode, qui tend à constituer l'exercice par les

« seuls payements faits dans l'année, est celui que suivent les An-
« glais.

« Il a tous les inconvénients opposés.

« Il détruit toute espèce de rapports entre les budgets et les
« comptes.

« Tout à la fois nuisible et favorable aux Chambres, d'un côté, il
« les met dans l'impossibilité de suivre jusqu'à la fin l'exécution du
« budget primitif sur lequel elles avaient voté;

« Et de l'autre, il vous force de réclamer un nouveau vote pour
« tous les services faits et même liquidés dans la période annuelle,
« qui ne sont pas soldés au moment de la clôture.

« S'il fait perdre la concordance du compte et du budget, il éta-
« blit concordance entre le compte administratif et le compte de
« trésorerie; mais il a l'avantage de balayer le passé; et, sous ces dif-
« férents rapports, il est bien préférable au premier mode, surtout
« si l'expérience a donné aux Anglais quelques moyens de suivre la
« marche du Ministère, à travers les années qui viennent partielle-
« ment s'engloutir les unes dans les autres.

« Le mode indiqué par la Commission est le plus rationnel des
« trois.

« D'abord il est légal, car la Charte, qui a voulu que le vote de
« l'impôt fût annuel, a voulu implicitement que les dépenses aux-
« quelles il doit pourvoir fussent annuelles aussi.

« C'est un système droit et sincère.

« Vous présentez dans un programme toutes vos dépenses pro-
« bables de l'année.

« Les Chambres, après en avoir discuté la nature et la quotité,
« vous ouvrent, sur l'impôt de l'année, des ressources pour les ac-
« quitter.

« Avec cette garantie, vous allez.

« Quelquefois les besoins vous emportent et vous franchissez le
« crédit.

« Quelquefois aussi les besoins, trompant vos prévisions, se ra-
« lentissent, et vous restez en deçà du crédit.

« Enfin, le 31 décembre arrive.

« Votre exercice de dépense est clos par le fait.

« Mais il vous faut du temps pour reconnaître vos dépenses.

« Jusqu'ici vous avez eu neuf mois, puisque vos comptes s'arrê-
« taient au 1ᵉʳ octobre suivant [1].

« Désormais vous aurez un an.

« Cela suffit à tous les Départements, moins la Marine, sinon pour
« liquider et ordonnancer toutes les dépenses, du moins pour les re-
« connaître et les signaler.

« Vous dressez donc votre compte.

« Vous y faites entrer tous les faits de dépense.

« Si vous avez dépensé plus, vous demandez.

« Si vous avez dépensé moins, vous rendez.

« Les Chambres règlent votre compte.

« C'est-à-dire qu'elles alignent le crédit sur les dépenses.

« Il est impossible de concevoir un système plus raisonnable et
« plus complet.

« Il n'a pas, comme l'exercice d'abonnement, l'inconvénient de
« laisser dans vos mains des dépenses sans crédit, ou des ressources
« sans dépenses.

« Il n'a pas, comme l'exercice de payement, l'inconvénient de
« tronquer les dépenses et d'exiger un vote nouveau pour tout ce qui
« n'est pas payé.

« Il n'a pas, comme ce dernier, l'inconvénient de mêler dans une
« année les faits de plusieurs.

« C'est une pensée harmonieuse et pleine, dont le budget est le
« premier terme, et le compte le dernier.

« Il faut donc s'y attacher. »

Ce fut effectivement ce qui eut lieu, ainsi que nous le
disions en commençant. Voici le texte de l'ordonnance
du 14 septembre :

. . . .

« Seront seules considérées comme appartenant à un exercice les
« dépenses résultant d'un *service fait* dans l'année qui donne son
« nom audit exercice (art. 1ᵉʳ). »

[1] Modifié par le décret du 11 août 1850. — Voir le titre COMPTES.

Après la définition de l'exercice viennent les règles applicables au budget lui-même ; ces règles ont beaucoup varié.

Aux termes de la loi de finances du 25 mars 1817, les crédits étaient votés en masse par Ministère, et, sauf l'approbation du Roi, les Ministres pouvaient transporter les allocations d'un chapitre à un autre (art. 151).

Dix ans plus tard, en 1827, « le Ministre des finances, « témoin des efforts que faisaient les Chambres pour pra- « tiquer des *spécialités* dans le budget, conçut alors la, « pensée d'en établir lui-même de plus larges que les cha- « pitres auxquels les Chambres paraissaient songer. Il de- « manda donc, dans les divers Ministères, que, réunissant « les chapitres analogues, on formât des *sections spé-* « *ciales* [1]. »

Ces sections, prescrites par une ordonnance en date du 1er septembre 1827, furent maintenues dans le budget jusqu'en 1830.

Mais survint alors la loi du 29 janvier 1831, qui fit disparaître les *sections spéciales* et rendit obligatoire, pour les Ministres, la *spécialité* des chapitres eux-mêmes.

Voici les termes de l'article 12 de cette loi :

« Les sommes affectées par la loi à chacun de ces chapitres ne « pourront être appliquées à des chapitres différents. »

Ainsi, d'abord, le budget entier pour limites ; puis des *sections spéciales*, composées de plusieurs chapitres ; puis enfin la *spécialité* de chacun des chapitres.

---

[1] *RAPPORT sur la constitution du budget et du compte de la Marine.* — ÉCRITS DIVERS de P.-L. BOURSAINT, page 163. — Ce rapport est, sans aucun doute, le document le plus intéressant et le plus complet que l'on puisse consulter sur cette question, l'une des plus importantes de la Comptabilité de la Marine.

Dans le *Manuel financier*, publié en 1847, nous disions, au sujet de cette dernière spécialité :

« Nous voudrions que, d'accord avec les Commissions de finances,
« l'Administration pût revoir et restreindre la nomenclature actuelle
« des chapitres. A cet égard on est tombé dans une exagération re-
« grettable. Le budget de 1820 se composait de onze chapitres; le
« budget de 1848 en présente trente-sept. Sans doute on comprend
« que les Chambres, gardiennes de la fortune de l'État, aient le juste
« désir d'enfermer les dépenses dans des spécialités raisonnables;
« mais il faut prendre garde d'exagérer un principe bon en lui-même,
« et d'engager ensuite l'Administration dans une voie d'expédients
« bien plus nuisibles aux véritables intérêts de l'ordre et de l'éco-
« nomie qu'une liberté d'action sagement calculée [1]. »

D'un autre côté, la loi du 29 janvier 1831, qui avait établi la *spécialité* des crédits par chapitre, contenait, en outre, la disposition suivante :

« Art. 11. Le budget des dépenses de chaque Ministère sera, à
« l'avenir, divisé en chapitres spéciaux. Chaque chapitre ne con-
« tiendra que des services corrélatifs ou de même nature. La même
« division sera suivie dans la loi des comptes. »

Toujours subsistante quant à la division du budget en chapitres spéciaux ne comprenant que des dépenses corrélatives, la loi du 29 janvier 1831 a été abrogée, en ce qui touchait la *spécialité* de ces chapitres, par le sénatus-consulte du 25 décembre 1852.

On lit, à cette occasion, dans le rapport fait au Sénat, par M. le premier Président Troplong, dans la séance du 21 décembre 1852 :

. . . .

« Il était arrivé cependant, avant 1848, ainsi que nous l'avons dit,
« que le vote du budget avait fait descendre l'Administration dans

[1] *Manuel financier,* page 5.

« les Chambres, et qu'une position insoutenable avait été faite, malgré
« les plaintes du Gouvernement, à des Ministres honnêtes et désin-
« téressés. Par quel moyen cette immixtion s'était-elle produite? Par
« la *spécialité* poussée à l'excès, par la division infinie des chapitres
« législatifs du budget, par la séquestration des Ministres dans chacun
« de ces chapitres. La *spécialité* avait fait son apparition première
« dans les Chambres de la Restauration, où le Gouvernement l'avait
« combattue comme contraire à sa liberté d'action. Elle avait cepen-
« dant germé dans les esprits, et elle avait même (nous devons le re-
« connaître) fait quelques conquêtes modérées et utiles à la bonne
« administration des finances. Mais, après la révolution de 1830, elle
« s'empara du budget sans mesure ni retenue. Elle outre-passa le
« droit d'examen, et le fit dégénérer en empiètement [1]. »

. . . .

Aux termes de l'article 12 du sénatus-consulte du
25 décembre 1852, le budget est présenté au Corps législatif avec ses subdivisions administratives, par *chapitres*
et par articles; — il est voté par Ministère, — et la répartition par chapitres du crédit accordé, réglée par décret
de l'Empereur rendu en Conseil d'État, peut être modifiée
par des virements d'un chapitre à un autre, en vertu de
décrets rendus dans la même forme [2].

Ainsi, en définitive, maintien du budget avec ses subdivisions administratives, par chapitres et par articles;
vote de l'ensemble du budget, et faculté de virements de
crédit, sous certaines réserves : telles sont les règles aujourd'hui.

[1] Moniteur du 25 décembre 1852.

[2] VOIR, page 19 du MANUEL, l'article 3 du décret du 10 novembre 1856,
qui réserve pour la seconde année de l'exercice les virements de crédits autorisés
par le sénatus-consulte du 25 décembre 1852.

VOIR, en outre, au titre CRÉDITS SUPPLÉMENTAIRES ET EXTRAORDINAIRES, le texte
complet du décret du 10 novembre 1856.

Voilà pour le fond.—Quant à la forme, hâtons-nous d'a-
jouter que le budget de la Marine, qui présentait en 1848
trente-sept chapitres, n'en compte plus aujourd'hui que
seize. En défalquant des vingt et un chapitres qui forment
la différence six chapitres pour les dépenses du *service
colonial*, classées depuis dans le budget du nouveau Ministère de l'Algérie et des Colonies, on trouve encore une
réduction de quinze chapitres, c'est-à-dire d'un nombre
à peu près égal à celui des chapitres composant le budget
actuel.

NOMENCLATURE DU BUDGET DE L'EXERCICE 1860 :

CHAPITRE 1.—Administration centrale (Personnel).
CHAPITRE 2.—Administration centrale (Matériel).
CHAPITRE 3.—Solde et accessoires de la solde.
CHAPITRE 4.—Hôpitaux.
CHAPITRE 5.—Vivres.
CHAPITRE 6.—Justice maritime.
CHAPITRE 7.—Salaires d'ouvriers.
CHAPITRE 8.—Approvisionnements généraux de la flotte.
CHAPITRE 9.—Travaux hydrauliques et bâtiments civils.
CHAPITRE 10.—Poudres.
CHAPITRE 11.—École navale impériale en rade de Brest et bour-
                 siers de la Marine dans les colléges et lycées.
CHAPITRE 12.—Chiourmes.
CHAPITRE 13.—Frais généraux d'impressions et achats de livres.
CHAPITRE 14.—Frais de voyage et dépenses diverses.
CHAPITRE 15.—Dépenses temporaires.
CHAPITRE 16.—Matériel du Dépôt des cartes et plans.

Maintenant, un rapprochement assez curieux.

Voici quelle était la *nomenclature* du budget normal
de 1820, qui commence la série, non interrompue de-

puis, des documents de l'espèce distribués tous les ans aux Chambres, et qui contribua si puissamment à tirer le Département de la Marine de la situation déplorable où il se trouvait alors [1] :

Administration centrale.
Solde et dépenses y assimilées.
Hôpitaux.
Vivres.
Salaires d'ouvriers.
Approvisionnements.
Artillerie.
Ouvrages hydrauliques et bâtiments civils.
Chiourmes.
Dépenses diverses.
Colonies.

Or, la conclusion de ce rapprochement, c'est qu'après

[1] « Dans les premiers temps de la Restauration, les Ministres de la Marine se « présentaient devant les Chambres sans plan, sans combinaison : ils demandaient « des crédits calculés alors bien moins sur les nécessités de la Marine que sur les fa- « cultés embarrassées du Trésor.

« Mais en 1820, M. PORTAL, convaincu des dangers de cette situation pour l'ave- « nir, présenta aux Chambres un plan raisonné d'organisation, qui fut accueilli avec « beaucoup de faveur. Il le divisa, il divisa le budget qui l'accompagnait en trois « grandes parties : *Personnel, Matériel et Colonies.* »

(*Écrits divers de* P.-L. BOURSAINT, — *page 163.*)

« La Session finie, je m'occupai de suite à réunir les matériaux nécessaires pour « pouvoir présenter à la session suivante un budget motivé, détaillé, tel que je l'a- « vais promis.

« J'appelai M. BOURSAINT, Chef de la Comptabilité de la Marine, qui était chargé « de la rédaction du budget; je lui fis part de mes promesses et de mes idées, et « je trouvai en lui un zèle, une franchise, des connaissances, des ressources qui me « furent très-utiles, et tellement utiles que je crois devoir lui attribuer la plus grande « partie du succès qui nous attendait. »

(*Mémoires de M. le Baron* PORTAL, — *page 33.* — *Amyot, 1846.*)

« Il n'est pas, en Marine, de plus mauvaise tactique que celle qui consiste, sous « le prétexte d'une prudente économie du moment, à compromettre tout un avenir.

quarante ans d'études et d'essais plus ou moins compliqués, plus ou moins heureux, le budget actuel de la Marine reproduit les subdivisions principales et, pour ainsi dire, les nomenclatures de détail du budget normal de 1820.

« Aussi, M. le Baron Pontal, qui a tant fait pour la réorganisation de la flotte, disait « en 1820 devant les Chambres, lors de la discussion du budget de son Département « ment, cette grande vérité :

« Il faut abandonner l'institution pour épargner la dépense, ou élever la dépense « pour maintenir l'institution. »

(Extrait du rapport présenté au Corps législatif, dans la séance du 4 juin 1860, au nom de la Commission chargée d'examiner le projet de loi relatif à la modification du cadre des officiers généraux de la Marine.)

TITRE II.

CRÉDITS SUPPLÉMENTAIRES

ET EXTRAORDINAIRES.

TITRE II.

CRÉDITS SUPPLÉMENTAIRES

ET EXTRAORDINAIRES.

NOTE PRÉLIMINAIRE.

Il serait assez difficile de suivre et d'analyser les essais plus ou moins heureux des anciennes Commissions de finances pour arrêter la marche des crédits spéciaux qui, sous des appellations différentes, sont venus, sous tous les régimes, déranger l'équilibre des lois de budgets. — Ce travail rétrospectif n'offrirait d'ailleurs qu'un assez médiocre intérêt de curiosité. Nous nous bornerons à rappeler qu'à une certaine époque, les choses étaient arrivées à ce point qu'une *loi spéciale* avait prescrit *d'afficher* et de tenir au courant, dans les salles des Conférences, des Commissions de finances et des Bureaux, le tableau de tous les crédits successivement imputés sur les budgets en cours d'exercice [1].

Il y avait, sous l'ancienne législation, quatre sortes de crédits spéciaux en dehors des crédits ordinaires :

1° Les crédits *supplémentaires;*

2° Les crédits *complémentaires;*

3° Les crédits *additionnels;*

4° Les crédits *extraordinaires.*

[1] Loi du 13 novembre 1849.

Les crédits *supplémentaires* avaient pour objet de pourvoir, en cours d'exercice, à l'insuffisance des fonds affectés à un service prévu par le budget.

Les crédits *complémentaires* étaient de même nature que les crédits supplémentaires, avec cette différence qu'au lieu de subvenir à des besoins nouveaux reconnus en cours d'exercice, ils étaient destinés à couvrir les insuffisances de crédits constatées lors de l'établissement du compte définitif.

Les crédits *additionnels* s'entendaient généralement de ceux qui s'appliquaient aux dépenses des *exercices clos*, en dehors des restes à payer signalés par les comptes. Et, bien que la loi de finances du 23 mai 1834 eût appelé *supplémentaires*, dans son article 9, les crédits qui devaient subvenir à ces dépenses, cette autre expression d'*additionnels* s'est retrouvée plus tard dans les considérants de l'ordonnance du 10 février 1838, sur les exercices clos et périmés.

Enfin, les crédits *extraordinaires* étaient ceux qui s'appliquaient, dans des cas urgents, à des Services qui n'avaient pu être ni prévus, ni réglés d'avance.

Sous l'empire des lois actuelles, il ne reste plus, en dehors du budget, que deux espèces de crédits spéciaux :

1° Les crédits *supplémentaires;*

2° Les crédits *extraordinaires.*

Les crédits *additionnels* sont venus se fondre dans les crédits *supplémentaires.*

Et les crédits *complémentaires* se sont trouvés implicitement supprimés par la loi du 16 mai 1851, disposant :

« Art. 1er. Il ne peut être dérogé aux prévisions normales du

« budget des dépenses que par des lois portant ouverture de crédits
« *supplémentaires* ou *extraordinaires*. »

Pour apprécier les motifs de cette dernière suppression, il faut se reporter à la discussion de la loi. On lit, en effet, aux pages 7 et 8 du rapport présenté, dans la séance du 14 avril 1851, à l'Assemblée nationale législative :

. . . .

« Enfin, la Commission a cru devoir prévenir le retour d'un usage
« abusif, qui a introduit parfois dans la pratique une nature de
« crédits, qui n'est ni *supplémentaire* ni *extraordinaire*, et que l'on a
« qualifiée de *complémentaire*.

« Ainsi, lorsqu'il se présentait, lors du règlement final d'un exer-
« cice et de l'apurement des comptes de dépenses, des créances non
« autorisées par des actes législatifs ou réglementaires, et qui dépas-
« saient les crédits ouverts, il était sursis à leur acquittement, et le
« Ministre présentait, pour être en mesure de les solder, une de-
« mande de crédit *complémentaire*.

« C'était une véritable déviation des principes de la Compta-
« bilité.

« Dans le cours de chaque exercice, toute dépense doit être auto-
« risée avant l'exécution du Service auquel elle se rapporte. Tout
« droit acquis doit être immédiatement constaté et soumis à l'ordon-
« nancement du Ministre. Les demandes de crédits *supplémentaires*
« ou *extraordinaires* sont légalement autorisées dans le but de pour-
« voir à ces dépenses, à défaut du budget normal. Mais, admettre
« dans ce cas des demandes de crédits *complémentaires*, c'est sanc-
« tionner l'irrégularité dans les dépenses, et, d'un autre côté, porter
« atteinte au crédit public, en arrêtant, pendant un délai plus ou
« moins prolongé, le payement d'une dette de l'État.

« En conséquence, la Commission vous propose de déclarer, par
« la nouvelle loi, qu'il ne peut y avoir, en dehors des prévisions du
« budget, que des crédits *supplémentaires* ou *extraordinaires*. »

Notre intention n'est pas de discuter ce qu'il peut y avoir de contestable dans une semblable doctrine. Nous ne pouvons cependant nous empêcher de faire une observation.

Il est sans doute facile de dire que, « *dans le cours de chaque exercice, toute dépense doit être autorisée avant l'exécution du Service auquel elle se rapporte, et que tout droit acquis doit être immédiatement constaté et soumis à l'ordonnancement du Ministre.* » — Mais lorsque, comme pour la Marine, par exemple, les faits s'accomplissent en Chine, l'application de cette théorie devient moins simple. On ne connaît quelquefois la dépense avec exactitude qu'au moment même de la formation du compte d'exercice, c'est-à-dire lorsque l'exercice est clos. Or, à cette époque, la simple constatation dans la loi des comptes du besoin d'un dernier crédit *supplémentaire* ou *complémentaire* (le nom n'y faisait rien) ne constituait assurément ni un *usage abusif*, ni une *déviation des principes de la Comptabilité*.

Il y a plus : c'est qu'en retranchant aujourd'hui de la loi des comptes, par le fait de la suppression des *crédits complémentaires*, toutes celles des dépenses qui ne sont pas couvertes par des crédits antérieurs, — et il y en aura toujours, quoi qu'on fasse, — on altère le chiffre de la dépense réelle de l'exercice, et l'on rend en outre plus difficiles, pour ne pas dire plus, les comparaisons entre les *budgets* et les *comptes*.

Nous avons dit plus haut qu'il n'existait plus aujourd'hui que deux natures de crédits spéciaux :

Les crédits *supplémentaires*,

Et les crédits *extraordinaires*.

Nous allons rappeler, aussi sommairement que possible,

les règles successivement imposées pour l'obtention de ces crédits.

Aux termes de l'article 4 de la loi du 24 avril 1833, il a fallu, d'abord pour les crédits *supplémentaires*, comme pour les crédits *extraordinaires*, que les ordonnances de concession fussent rendues sur l'avis du Conseil des Ministres. — Plus tard, la loi du 18 juillet 1836 voulut, article 5, que toute demande de crédit, faite en dehors de la loi annuelle de finances, indiquât les voies et moyens destinés à pourvoir aux dépenses. — Une autre loi, celle du 13 novembre 1849, exigea que les projets de loi portant demande de crédits fussent contre-signés, non-seulement par le Ministre compétent, mais encore par le Ministre des Finances : disposition reproduite, pour les crédits ouverts par décrets, par la loi du 15 mai 1850 (art. 9), et, en dernier lieu, par le décret du 10 novembre 1856, qui décida en outre, dans son article 1er, « que les « Ministres ne pourraient, sous leur responsabilité, en-« gager aucune dépense nouvelle, avant qu'il eût été régu-« lièrement pourvu au moyen de la payer, soit par un « supplément de crédit, soit par un virement de cha-« pitre. »

D'un autre côté, la loi du 24 avril 1833, citée plus haut, disposait encore, article 6, qu'il serait rendu compte, dans des chapitres spéciaux, de tous les crédits obtenus au titre du *service extraordinaire*.

Telles sont les règles générales encore applicables aujourd'hui.

Deux de ces règles, il faut le dire, soulèvent pour le Département de la Marine des difficultés d'application insurmontables.

Comment, par exemple, en ce qui touche le décret du 10 novembre 1856, ce Département sera-t-il en mesure de *n'engager aucune dépense nouvelle, sans crédit préalable,* pour des faits qui s'accomplissent au delà des mers ou pour des cas de naufrage ou d'avaries, qu'on ne peut assurément prévoir ou régler d'avance?

Quant à la disposition prescrite par la loi du 24 avril 1833, et relative à la formation de chapitres spéciaux pour les crédits extraordinaires, elle n'a jamais pu être appliquée, par suite de l'intime corrélation qui existe, pour les dépenses de la Marine, entre le budget et les allocations extraordinaires, portant presque toujours sur l'extension des *armements.* — C'est, du reste, ce que plusieurs Commissions de finances ont reconnu, et l'on en trouvera la preuve dans l'extrait que nous donnons plus loin d'une lettre du Ministre de la Marine à M. le Ministre des Finances [1].

Si, de ces règles générales, nous passons à celles qui s'appliquent plus spécialement aux *crédits supplémentaires,* nous aurons encore à rappeler un assez grand nombre de prescriptions diverses.

D'après l'article 152 de la loi du 25 mars 1817 et l'article 3 de la loi du 24 avril 1833, les Ministres avaient la faculté d'ouvrir, par ordonnance du Roi, des crédits *supplémentaires* pour subvenir à l'insuffisance d'un Service porté au budget.

Un peu plus tard, la loi de finances du 23 mai 1834 restreignit cette faculté aux dépenses concernant un *Service voté,* dont la nomenclature était donnée, chaque année, par la loi du budget de l'exercice.

[1] Voir page 35 du MANUEL.

Cette dernière disposition dura jusqu'à la loi de finances du 10 juin 1853, dans laquelle il ne fut plus question des *Services votés*.

De telle sorte qu'en définitive, sur ce point, la *faculté* d'ouvrir des crédits *supplémentaires* s'applique aujourd'hui, comme sous l'empire des lois de 1817 et de 1833, à toutes les dépenses prévues, sans distinction de nomenclature spéciale.

Un dernier mot à l'occasion de ces crédits *supplémentaires*.

On a vu, plus haut, qu'aux termes de l'article 6 de la loi du 24 avril 1833, les crédits *extraordinaires* devaient former un *chapitre* particulier du compte général de l'exercice.

En ce qui touche les crédits *supplémentaires,* la même loi disposait, article 7, que ces crédits seraient votés et justifiés par *articles*.

Il est dit, à cette occasion, page 9 du rapport présenté, dans la séance du 26 février 1833, par la Commission des crédits supplémentaires de l'exercice 1832, que « s'il « était raisonnable, dans la confection du budget, pour « ne pas entraver la marche du Gouvernement, de n'établir « la spécialité que par *chapitre* et non par *article* compo-« sant chaque chapitre, il ne pouvait en être ainsi pour « l'ouverture d'un crédit supplémentaire qui ne s'appliquait « qu'à un article particulier, dont il rectifiait l'allocation « primitive. »

Malgré le commentaire de la Commission, cette dernière prescription de la loi de 1833 a présenté, dans le principe, quelque difficulté.

Voici, du reste, comment elle a été entendue et appliquée par la Marine : les demandes de *crédits supplémen-*

taires ont toujours fait connaître l'objet de la dépense à laquelle il s'agissait de pourvoir. Puis, les crédits obtenus sont venus se fondre avec les ressources générales des chapitres législatifs.

Nous n'avons plus que quelques mots à dire au sujet du mode de régularisation des crédits *supplémentaires* ou *extraordinaires* obtenus à l'aide d'ordonnances ou de décrets.

La loi du 24 avril 1833 disposait, article 5, que toutes les ordonnances des crédits ouverts seraient réunies en un seul projet de loi, pour être soumises, par le Ministre des Finances, à la sanction des Chambres dans leur plus prochaine Session, et avant la présentation du budget.

Sous l'empire de la loi du 15 mai 1850 (art. 10), les *crédits extraordinaires* accordés par des arrêtés du Président de la République devaient être soumis à l'approbation de l'Assemblée législative dans les dix jours qui suivaient l'expiration de la prorogation de ladite Assemblée.

La loi du 8 juillet 1852 (art. 21) reprit purement et simplement les prescriptions de la loi du 24 avril 1833.

Enfin, la loi du 5 mai 1855, la dernière qui ait réglé cette partie du Service, dispose (art. 21) que les décrets relatifs aux *crédits supplémentaires et extraordinaires,* — lorsqu'ils n'auront pu être couverts par des *virements,* — seront soumis à la sanction législative :

Les décrets relatifs aux *crédits extraordinaires,* dans les deux premiers mois de la Session qui suivra l'ouverture desdits crédits extraordinaires;

Les décrets relatifs aux *crédits supplémentaires,* dans les deux premiers mois de la Session qui suivra la clôture de chacun des exercices sur lesquels les suppléments auront été accordés.

Telles ont été les différentes règles successivement applicables aux modes d'obtention et de régularisation des crédits *supplémentaires* et *extraordinaires*. Sauf quelques points embarrassants pour la Marine, et reconnus tels par les Commissions de finances de toutes les époques, les règles actuelles, généralement empreintes de l'esprit d'ordre des anciennes, semblent offrir en définitive toutes les garanties désirables, au double point de vue du sage emploi des deniers publics et de la justification des dépenses.

TITRE III.
COMPTES.

TITRE III.

COMPTES.

NOTE PRÉLIMINAIRE.

Aux termes des lois et règlements sur la matière, le Compte général de chaque exercice fait connaître :

Les crédits par chapitre ;

Les droits acquis aux créanciers du Ministère ;

Les payements effectués,

Et les restes à payer.

Il se compose :

1° D'un tableau de l'origine des crédits ;

2° D'un tableau présentant, par chapitre, tous les résultats de la situation définitive de l'exercice expiré, lesquels servent de base à la loi proposée au Corps législatif pour le règlement dudit exercice ;

3° De développements destinés à expliquer, avec tous les détails propres à chaque nature de Service, les dépenses liquidées, les payements effectués et les créances restant à solder à l'époque de la clôture de l'exercice ;

4° De la comparaison des dépenses faites et consommées avec les prévisions législatives ;

5° D'un état comparatif, par chapitre, des mêmes dépenses, avec celles de l'exercice précédent, expliquant les causes des différences qui ressortent de cette comparaison.

Les comptes d'exercice sont en outre accompagnés d'états indicatifs des lieux où les dépenses ont été acquittées; des rentrées extraordinaires procurées au Trésor public par le Département de la Marine [1], et enfin de tous les développements de nature à éclairer l'examen des faits relatifs à la gestion administrative et financière de l'exercice, et à en compléter la justification.

La loi des comptes, *cette loi si grave et peut-être trop négligée* [2], a toujours été, pour le Département de la Marine, une source d'embarras provenant de la nature spéciale de ce Service.

Voici comment M. Boursaint s'exprimait à cet égard, en 1831, devant une des Commissions de finances de la Chambre des Députés :

« Le Département de la Marine diffère essentiellement des autres « Ministères. Cette vérité paraît triviale, et pourtant, dans un pays « où l'on généralise si volontiers les idées, les règles et les juge- « ments, il est bon de la rappeler quelquefois.

« Le Service de la Marine n'est pas enfermé, comme la plupart « des autres Services, dans les limites du Royaume; il s'étend à tous « les points maritimes du Globe : tantôt il s'agit des Colonies fran- « çaises dont les distances sont connues, tantôt de nombreux bâti- « ments qui parcourent les mers dans toutes les directions, semant « à chaque pas des dépenses à payer et des justifications à recueillir.

---

[1] Ces rentrées proviennent généralement des sources ci-après :

Remboursement de trop perçus sur les exercices clos;

Remboursement, après la clôture des exercices, d'avances faites pour rapatriement de marins des navires du Commerce national, naufragés; ledit remboursement exigible seulement lorsque les débris du bâtiment ont été sauvés et jusqu'à concurrence de leur produit;

Ventes de denrées, matières et divers objets hors de service ;

Pensions des élèves de l'École navale ;

Produits de la vente des cartes marines.

[2] M. le premier Président Troplong. — (*Moniteur* du 25 décembre 1852.)

« Le mouvement commercial accroît nos opérations dans les ports
« Étrangers où la Marine réunit et recueille les Français disgraciés.
« Il ne nous suffirait pas, pour faire face à des besoins si étendus et
« si divisés, d'avoir en France, comme les autres Départements,
« quelques Ordonnateurs secondaires, placés sous la main, qu'on
« dirige ou qu'on rectifie en un instant; nous avons en outre, au
« dehors, plusieurs centaines d'agents, la plupart aussi mobiles que
« leur Service, qu'il faut diriger de loin et qu'on ne peut jamais
« rectifier à temps.

« De pareils faits ne rentrent pas dans l'ordre commun. La diffi-
« culté en est si grande, pour la Comptabilité, qu'autrefois la Marine
« comptait très-irrégulièrement, et qu'en général les Colonies ne
« comptaient pas.

« Mais, depuis la paix de 1814, le Ministère, qui connaissait les
« justes susceptibilités du régime constitutionnel, a voulu les satis-
« faire et même les prévenir. Il y avait beaucoup à faire pour cela :
« il fallait vaincre les obstacles multipliés qui naissaient des dis-
« tances, de la mobilité du Service, de celle des agents, surtout des
« habitudes si contraires et si enracinées. Tout ce qu'on devait faire,
« tout ce qu'on pouvait faire a été fait avec intelligence et volonté.
« Les faits le prouvent : aujourd'hui, la Marine compte, les Colonies
« comptent. »

. . . .

A toutes les difficultés, si nettement indiquées par
M. Boursaint, il fallut ajouter plus tard celles qui furent
la conséquence de certaines prescriptions législatives. —
Nous nous bornerons à rappeler un seul fait.

D'après les termes combinés des articles 12, 20 et 22
de l'ordonnance du 14 septembre 1822, les délais de
clôture des opérations financières de l'exercice s'établis-
saient de la manière suivante :

L'ordonnancement était clos le 30 septembre de l'année qui suivait l'exercice;

Le payement, le 31 décembre de la même année.

Plus tard, en 1825, et sur cette considération que la présentation annuelle des comptes de finances devait être rapprochée le plus possible de l'époque déterminée pour la clôture de chaque exercice, et qu'il était devenu indispensable, pour que la reddition desdits comptes ne souffrît aucun retard, d'abréger les délais accordés aux créanciers porteurs de mandats, une nouvelle ordonnance, en date du 31 août 1825, abrégea d'un mois les délais de clôture du *payement,* et les ramena du 31 décembre au 30 novembre de la seconde année.

Enfin, une troisième ordonnance, portant la date du 11 juillet 1833, vint abréger encore une fois la clôture des payements de l'exercice et les ramena du 30 novembre au 31 octobre.

C'était déjà beaucoup, surtout pour la Marine, dont une partie notable des dépenses s'accomplit au delà des mers. — Toutefois, de 1833 à 1850, le Ministère des Finances, dans le but d'accélérer de plus en plus le règlement des exercices, essaya à deux reprises différentes, l'une en février 1843, l'autre en septembre 1848, d'abréger de nouveau les délais des opérations financières.

La plupart des Ministères, notamment la Guerre et la Marine, s'élevèrent contre cette dernière innovation. La Marine s'appuya sur cette considération qu'elle éprouvait, pour dresser les comptes de ses dépenses, des embarras que n'avaient point les autres Départements; qu'une partie de ses dépenses s'exécutait dans les contrées les plus lointaines, et que les délais, précédemment fixés pour la clôture des opérations financières, ne lui suffisaient pas toujours pour présenter ses comptes en même temps que les autres Ministères, dont les faits de service se trouvaient concentrés en France.

L'innovation projetée fut ajournée; mais, en 1850, et sous la date du 11 août, un décret, encore actuellement en vigueur, et portant cette fois sur l'*ordonnancement* et le *payement*, abrégea de deux autres mois les délais précédemment réglés.

L'ordonnancement se trouva ramené au 31 juillet de la seconde année de l'exercice;

Le payement, au 31 août.

C'est-à-dire, en définitive, qu'en prenant pour point de départ l'ordonnance du 14 septembre 1822, l'abréviation des délais se résume ainsi :

Deux mois pour l'*ordonnancement*,

Et quatre mois pour le *payement*.

Nous nous bornons à constater les faits sans les discuter, et nous renvoyons, pour l'exécution du décret du 11 août 1850, aux instructions ministérielles du 8 novembre de la même année.

Nous rappellerons cependant, en terminant, qu'au mois de février 1855, le Ministère des Finances eut de nouveau la pensée, vivement combattue par la Marine et par la Guerre [1], d'abréger encore une fois la durée des opérations de l'exercice, toujours dans le but d'assurer en temps utile la présentation des lois de règlement et de donner, en outre, à la Cour des comptes, la faculté de prononcer sa *déclaration de conformité* avant la discussion de ces lois devant le Corps législatif.

Après avoir exposé dans leur ensemble les difficultés

[1] Dépêches des 8 mars et 5 avril 1855.

inhérentes à la formation des *comptes* de la Marine, il n'est peut-être pas inutile de rappeler sommairement le mécanisme à l'aide duquel ces comptes sont dressés par le Ministère. Quant aux détails, on trouvera, sous le présent titre, les instructions qui servent aujourd'hui de règle.

Les dépenses de la Marine, faites, comme on l'a vu, sur tous les points du Globe, sont mandatées, soit à Paris, par la Direction comptable, sous la signature du Ministre, soit dans les ports et autres établissements de la Marine, par les *Ordonnateurs secondaires* du Département, c'est-à-dire, dans les chefs-lieux d'arrondissements maritimes, par les Commissaires généraux; dans les sous-arrondissements, par les Chefs maritimes, et dans les forges et fonderies, par les Directeurs de ces établissements.

Pour les dépenses payables à Paris, la Direction comptable est saisie des pièces. Elle les annexe aux ordonnances de payement, et le tout va prendre place dans la comptabilité du Payeur central des dépenses des Ministères.

Quant aux dépenses payables dans les ports, elles sont acquittées, en vertu de *délégations* spéciales de crédits, sur les mandats de payement des Ordonnateurs secondaires. Les pièces justificatives de ces dépenses ne viennent pas à Paris; elles sont rattachées localement aux mandats des Ordonnateurs et vont se fondre dans la comptabilité de chaque Payeur de département, comme celles qui sont annexées aux ordonnances de Paris se classent dans la comptabilité du Payeur central.

Maintenant, s'agit-il de rendre les comptes?

La Direction comptable établit, sur pièces, la partie de ces comptes qui se compose à la fois des dépenses liquidées dans les bureaux de l'Administration centrale et des dépenses liquidées par les ports et par les divers établis-sements de la Marine et *rendues payables à Paris.*

Mais, pour le surplus, comprenant les dépenses liqui-dées et mandatées par les ports, ainsi que les dépenses faites à l'*Extérieur* pour la solde et les accessoires de la solde des états-majors et des équipages embarqués, la Direction comptable n'opère plus sur pièces, attendu que, pour la plus forte part de ces dépenses, c'est-à-dire pour celles qui ont été *liquidées et mandatées par les ports,* les pièces justificatives ne viennent pas à Paris, et sont, ainsi que nous venons de le dire tout à l'heure, directement remises aux Payeurs à l'appui des mandats de payement.

Cette seconde partie des comptes est établie sur des bordereaux énonciatifs des faits accomplis, préparés dans les ports sous la surveillance et la responsabilité des Chefs de Service.

Tel est l'ensemble du système.

Nous publions aux ANNEXES, sous le n° 1er, une série de tableaux destinés à faire connaître, avec les explications qui leur sont propres, les dépenses des divers Services de la Marine, à partir du budget de l'exercice 1820.

Nous donnons, en outre, comme complément de ces tableaux :

1° Le relevé comparatif du nombre de marins employés chaque année depuis le même exercice ;

2° Le relevé des calculs établis, à diverses époques, pour arriver à connaître *la dépense moyenne des hommes embarqués, par homme et par an* [1].

[1] Voir pages 777 et suivantes du MANUEL.

TITRE IV.

ORDONNANCEMENT.

TITRE IV.

ORDONNANCEMENT.

§ 1er. — ORDONNANCES, MANDATS ET ÉCRITURES.

NOTE PRÉLIMINAIRE.

Nous réunissons sous le présent titre les règles générales de *l'ordonnancement*, au point de vue des écritures administratives qui doivent précéder ou suivre l'émission des *ordonnances* et des *mandats de payement*. Quant aux prescriptions relatives à la justification des dépenses elles-mêmes, on les trouvera dans les subdivisions suivantes du même titre.

Aux termes de l'ordonnance du 14 septembre 1822 (art. 7 et 8), aucune dépense faite pour le compte de l'État ne peut être acquittée, si elle n'a été préalablement ordonnancée par un Ministre ou par des Ordonnateurs secondaires, en vertu de délégations: — et toute ordonnance, pour être admise par le Trésor, doit porter sur un crédit régulièrement ouvert et se renfermer dans la limite des distributions mensuelles de fonds. Règle générale.

Les ordonnances ministérielles (art. 9) se divisent en *ordonnances de payement* et en *ordonnances de délégation*. Ordonnances ministérielles.

Les ordonnances de payement sont celles que le Ministre délivre directement au profit ou au nom d'un ou de plusieurs créanciers.

Les ordonnances de délégation sont celles par lesquelles le Ministre autorise les *Ordonnateurs secondaires* de son Département à disposer d'une partie de ses crédits par des *mandats de payement*, au profit ou au nom d'un ou de plusieurs créanciers.

Les ordonnances de délégation sont délivrées par *chapitre*. — Les ordonnances de payement ne peuvent être délivrées que par *article* [1].

Les Ordonnateurs secondaires de la Marine sont [2] :

1° Les Commissaires généraux de la Marine dans les cinq ports militaires (*Cherbourg, Brest, Lorient, Rochefort, Toulon*);

2° Les Commissaires généraux ou Commissaires de la Marine, chargés en chef du Service dans les six ports chefs-lieux de sous-arrondissements maritimes (*Dunkerque, le Havre, Saint-Servan, Nantes, Bordeaux, Marseille*);

3° Les Directeurs des forges et fonderies de la Marine (*la Chaussade, Ruelle, Nevers, Saint-Gervais, Indret*);

4° Le Commissaire de la Marine, Chef du Service administratif en Algérie.

Trois circulaires, en date des 28 juin et 31 décembre 1847 et 28 mai 1848, fixent les règles principales à observer par les Ordonnateurs pour l'obtention des crédits de délégation nécessaires pour assurer le service dans les divers Établissements de la Marine.

[1] Règlement du 31 octobre 1840, article 58.

[2] *Idem*, article 18 et actes divers.

Les crédits délégués à chaque Ordonnateur secondaire pour le même exercice et le même Service sont successivement ajoutés les uns aux autres, et forment, ainsi cumulés, un crédit unique.

Les crédits de délégation étant spécialement ouverts pour chaque nature de dépense, les Ordonnateurs secondaires ne peuvent, pour quelque motif que ce soit, en changer l'affectation [1].

Les *mandats de payement*, émis en vertu des ordonnances de délégation, sont établis dans la forme du modèle annexé au règlement financier du 31 octobre 1840 [2].

Ils sont datés, et chacun d'eux porte un numéro d'ordre.

La série des numéros d'ordre est unique par exercice, pour tous les mandats émanés d'un même Ordonnateur secondaire.

Ces mandats sont délivrés par article et par partie prenante, soit individuelle, soit collective, c'est-à-dire représentant légalement un Corps entier, un détachement ou toute autre réunion régulière d'individus. Chaque mandat ne peut comprendre qu'une seule partie prenante individuelle ou collective.

Les Ordonnateurs secondaires sont tenus d'adresser chaque soir aux Payeurs, des bordereaux, par exercice, des mandats qu'ils ont délivrés sur leur caisse dans la

Mandats
des
Ordonnateurs
secondaires.

---

[1] Règlement du 31 octobre 1840, art. 67 et 68.

[2] Modèle n° 9.—En vertu d'une circulaire non imprimée du 17 mai 1851 (Comptabilité. — Services administratifs. — Invalides.), les payements à faire sur l'acquit des trésoriers des Invalides, caissiers des gens de mer, doivent être effectués à l'aide de mandats imprimés sur papier de couleur.

journée, et auxquels sont jointes, en ce qui concerne le *Matériel*, les pièces justificatives de la dépense [1].

Les mandats ne doivent être remis aux parties prenantes qu'après l'envoi de ces bordereaux.

Dans les cinq premiers jours de chaque mois, les Payeurs remettent aux Ordonnateurs secondaires le relevé, par exercice et par chapitre, des payements effectués sur *mandats* pendant le mois précédent [2].

Et, dans les cinq premiers jours du mois de *septembre* de chaque année, les Payeurs adressent aux Ordonnateurs secondaires un relevé sommaire des mandats qui n'ont pas été acquittés avant la clôture des payements sur l'exercice expiré [3].

Mode
d'écritures
de
la Comptabilité
centrale
du Ministère
de
la Marine.

Les écritures de la Comptabilité centrale du Ministère de la Marine sont tenues en parties doubles.

Elles embrassent tout ce qui concerne :

1° La fixation, la répartition et le virement des crédits ;

2° Les distributions mensuelles de fonds ;

3° Les droits constatés et les liquidations opérées à la charge des budgets ;

---

[1] Modèle n° 11 du règlement du 31 octobre 1840, modifié par dépêche du 25 novembre 1842, portant qu'il sera émis des bordereaux distincts pour les mandats du *Personnel* et du *Matériel*. (Voir page 155 du Manuel.) — Voir, en outre, l'article 2 de l'ordonnance du 16 novembre 1831 et la circulaire du 19 décembre suivant.

[2] Voir, au titre Comptes, — page 59 du Manuel, — l'article 19 de l'ordonnance du 14 septembre 1822.

[3] Règlement du 31 octobre 1840, art. 80 — Le mois de *Septembre* a été substitué à celui de *Novembre*, par suite des modifications apportées par le décret du 11 août 1850, aux délais de clôture de l'exercice. (Voir page 67 du Manuel.)

4° L'ordonnancement et le mandatement des dépenses;

5° Les annulations et réimputations d'ordonnances ministérielles et de mandats;

6° Les payements effectués;

7° Les opérations de virement résultant de transports de service à service, de remboursements d'avances faites pour le compte des autres Départements ministériels ou de reversements dans les caisses publiques, et d'ordonnancement, au profit du Trésor, des produits de toute nature étrangers aux crédits législatifs [1].

Il est tenu, au bureau de la Comptabilité centrale du Ministère, un journal général, un grand-livre, un *compte-courant des crédits* et des livres auxiliaires.

Le grand-livre ne présente que des comptes généraux et des résultats sommaires; les développements sont consignés sur des *livres auxiliaires*, dont le nombre et la forme sont déterminés suivant la nature des Services.

Une balance générale des comptes du *grand-livre*, dont les résultats sont développés par chapitre du budget, d'après les livres auxiliaires, est établie à la fin de chaque mois et adressée à la Comptabilité générale des Finances, pour lui donner les moyens d'en rattacher les termes à ses propres écritu [2].

Une Commission spéciale, nommée par le Ministre le 9 mars 1847, avait été chargée d'examiner les procédés de comptabilité intérieure suivis dans les diverses Directions et bureaux du Département, et de proposer les

Journal,
grand-livre
et livres
auxiliaires.

Comptabilité
des
droits constatés.

[1] Règlement du 31 octobre 1840, article 157.

[2] VOIR, au titre COMPTES, l'art. 18 de l'ordonnance du 14 septembre 1822.

moyens d'améliorer ces procédés, dans le triple but de la saine division des attributions, de la centralisation des opérations et de l'uniformité des moyens d'exécution.

A la suite du travail de cette Commission, un nouvel arrêté du Ministre, en date du 18 novembre de la même année, décida qu'à partir du 1ᵉʳ janvier suivant une *Comptabilité des droits constatés* serait tenue dans les Directions administratives du Ministère, et que cette Comptabilité devait reposer, autant que possible :

Pour les dépenses du *Personnel*, sur des revues de liquidation ;

Pour les dépenses du *Matériel*, sur le duplicata des certificats comptables délivrés à l'appui des mandats de payement.

On trouve, sur l'ensemble de cette question, tous les éclaircissements désirables, dans un volume publié par le Ministère de la Marine (Imprimerie nationale, 1850) sous le titre : *Documents relatifs à la Comptabilité de l'emploi des crédits par les Directions administratives et à la révision des dépenses mandatées par les Ordonnateurs secondaires.*

Nous reproduisons seulement sous le présent titre les instructions ministérielles du 31 décembre 1847 pour la tenue des écritures de la nouvelle Comptabilité, ainsi que plusieurs autres circulaires rappelant les Ordonnateur à l'exécution des règles prescrites ou les modifiant dans quelques parties.

Nous devons dire que, malgré les efforts de l'Administration centrale, cette *Comptabilité des droits constatés*, qui a rendu de véritables services, n'a cependant pas réalisé toutes les espérances qu'on était en droit d'en attendre. —Nous nous bornons à signaler ce fait, dont nous n'avons pas à rechercher ici les causes, et nous rappellerons, en

terminant sur ce point, ce passage de l'une des circulaires
publiées à la suite de la présente Note :

« . . . . . La pensée qui a présidé à l'institution d'une *Comptabilité*
« *de l'emploi des crédits* dans les bureaux administratifs du Ministère
« de la Marine, est une pensée d'ordre qui doit être féconde en ré-
« sultats.

« Réunir et centraliser, dans les bureaux qui sont sous la dépen-
« dance immédiate du Ministre, tous les documents nécessaires à la
« constatation des faits de dépense engagés ou accomplis dans les ports
« et dans les établissements de la Marine ; — mettre ainsi constam-
« ment l'autorité supérieure à même de suivre et de surveiller la si-
« tuation et l'emploi des crédits délégués ; — faciliter, au point de vue
« de la responsabilité du Ministre, la révision des dépenses engagées
« par les délégataires de son autorité ; — ménager enfin, pour l'a-
« venir, la possibilité de dresser à Paris, et sur pièces, les comptes
« d'exercice à soumettre annuellement à l'Assemblée législative : tels
« sont les principaux avantages d'un système de comptabilité déjà
« éprouvé au Département de la Guerre, et qui doit réaliser, dans ce-
« lui de la Marine, de notables améliorations [1]. »

Les livres officiels de la Comptabilité administrative des
Ordonnateurs secondaires sont au nombre de quatre, indépendamment des carnets de détail et livres auxiliaires,
qu'ils ouvrent selon les besoins de leurs services respectifs, savoir :

1° Un livre d'enregistrement des crédits délégués ;

2° Un livre d'enregistrement sommaire des droits constatés et liquidés ;

3° Un journal général des mandats délivrés ;

4° Un livre des comptes ouverts, par nature de dépense, ou livre de détail des mandats délivrés.

[1] Circulaire du 7 juin 1851. — VOIR page 191 du MANUEL.

Ces livres sont ouverts par *exercice;* les opérations qui se rapportent à un même exercice se cumulent sur les mêmes livres jusqu'à l'époque de sa clôture [1].

Telles sont les règles principales de l'ordonnancement au point de vue des écritures administratives.

Quant aux prescriptions qui se rattachent spécialement à la constatation et à la justification des dépenses ordonnancées, elles se trouvent réunies dans les subdivisions suivantes du présent titre ORDONNANCEMENT.

[1] Règlement de la Marine du 31 octobre 1840, art. 161 et suivants. — Règlement des Finances du 26 janvier 1846, articles 206 et suivants.—Actes divers.

§ 2. — DISPOSITIONS COMMUNES AUX DÉPENSES DU PERSONNEL ET DU MATÉRIEL.

NOTE PRÉLIMINAIRE.

Voici quelques-uns des principes généraux également applicables aux dépenses du *Personnel* et du *Matériel,* en ce qui touche la justification et l'ordonnancement de ces dépenses.

Aucun payement ne pouvant être effectué que pour l'acquittement d'un service *fait,* d'un travail commencé ou d'une préparation à ce travail, par la réunion de matériaux devenant pour l'État une garantie des à-compte, la constatation des droits des créanciers doit toujours précéder l'émission des ordonnances ou mandats de payement, sauf les exceptions déterminées pour certains services régis par économie [1] et pour certaines dépenses du Personnel et des bâtiments en cours de campagne [2].

Constatation des droits des créanciers.

[1] Article 17 de l'ordonnance du 14 septembre 1822. — Voir le titre Dispositions diverses. — (Page 740 du Manuel.)

[2] Article 93 du règlement financier du 31 octobre 1840 :

. . . .

« Les payements d'avance ne doivent être faits, en principe, que pour la solde et
« accessoires des états-majors et des équipages des bâtiments expéditionnaires, et
« pour la solde des troupes de toutes armes (sous-officiers, caporaux ou brigadiers,
« soldats et enfants de troupe) et de la maistrance; toutefois, ils sont autorisés, par
« exception, pour les dépenses ci-après, en raison de leur nature spéciale, savoir :

Cette constatation, établie sous la responsabilité des fonctionnaires qui l'ont opérée, est l'objet d'un article distinct dans les écritures de la Comptabilité, et donne lieu à l'établissement d'un décompte en quantités et en deniers du service fait [1].

Mode
de liquidation
des
droits acquis.

Il est procédé aux liquidations des droits acquis, soit d'office, pour les créances à l'égard desquelles il existe des bases et éléments de liquidation dans les bureaux de l'Administration de la Marine, soit d'après les justifications produites par les créanciers eux-mêmes, ou, dans leur intérêt, par les agents administratifs et autres intervenant à cet effet [2].

Lorsqu'il s'agit de payements qui doivent s'effectuer à Paris, les Ordonnateurs secondaires transmettent au Ministre, sous le timbre des Directions administratives, les pièces justificatives des dépenses, après les avoir vérifiées et arrêtées.

Ces pièces donnent lieu à une liquidation faite par les bureaux administratifs, et sont ensuite renvoyées à la Direction de la Comptabilité générale pour être jointes à l'appui des ordonnances de payement [3].

« pour les frais de conduite, aux officiers militaires et civils et autres agents voyageant par ordre; pour les frais de tournée, aux examinateurs, et, s'il y a lieu, pour les frais de passage à bord des navires de Commerce.

« Les dépenses auxquelles s'appliquent les payements d'avance sont régularisées et justifiées dans la forme déterminée pour chaque service... »

Voir, au titre Dépenses de l'Extérieur, — page 514 du Manuel, — la circulaire du 6 juillet 1854, relative aux *fonds de prévoyance,* pour les bâtiments en cours de campagne.

[1] Règlement du 31 octobre 1840, article 48.

[2] *Finances.* — Règlement du 26 janvier 1846, article 85.

[3] Règlement du 31 octobre 1840, article 49.

Les rapports de liquidation, lorsqu'ils émanent d'une Direction du Ministère, sont soumis à l'approbation du Ministre [1].

Interdiction de grattage et de surcharge.

Aucun décompte de liquidation ne doit être gratté ni surchargé [2]. — Lorsqu'il y a lieu d'opérer sur ces pièces une rectification, la somme, le texte ou la partie du texte à corriger est biffé au moyen d'un trait de plume et remplacé par l'énonciation exacte qui doit lui être substituée. — La substitution en interligne ou par renvoi est approuvée et signée ou parafée par le liquidateur.

Ce fonctionnaire n'admet lui-même aucune pièce justificative de dépense modifiée dans ses énonciations, qu'autant que la correction a été dûment approuvée [3].

Notification des ordonnances ministérielles.

Des extraits d'ordonnances de payement ou *lettres d'avis* sont délivrés aux titulaires des créances, pour leur conférer un titre qui les autorise à se présenter aux caisses publiques [4].

Forme et remise des lettres d'avis des ordonnances de payement.

Les lettres d'avis de l'expédition des ordonnances de payement sont disposées de manière à recevoir la quittance des parties prenantes [5], et sont remises aux titu-

[1] *Finances.* — Règlement du 26 janvier 1846, art. 83.

[2] Voir, au titre Dépenses de l'Extérieur, — page 444 du Manuel, — la circulaire du 30 novembre 1845, — § *Grattages, surcharges, etc.*

[3] *Finances.* — Règlement du 26 janvier 1846, art. 106.

[4] Règlement du 31 octobre 1840, art. 60.

[5] Cette quittance doit être datée et donnée devant le Payeur. — (Art. 310 de l'ordonnance du 31 mai 1838.) — Voir, en outre, — pages 355 et 376 du Manuel, — les circulaires des 6 juillet 1845 et 30 juillet 1858.

laires, sur la justification de leur individualité, ou à leurs représentants, sur la production de titres ou de pouvoirs en due forme.

A Paris, et pour le département de la Seine, la délivrance de ces avis est constatée aux bureaux de l'ordonnancement des dépenses du Ministère, sur un registre émargé par les titulaires de créances ou par leurs représentants [1].

Pour les autres départements, les lettres d'avis sont envoyées directement aux ayants droit, ou elles leur sont délivrées par l'entremise des autorités administratives ou des principaux chefs de service, qui retirent un récépissé des avis qu'ils remettent.

La remise aux ayants droit des mandats des ordonnateurs secondaires est soumise à des garanties analogues [2].

Désignation des titulaires de créances.

Les ordonnances de payement et les mandats doivent désigner le titulaire de la créance par son nom, et, au besoin, par ses prénoms, si sa qualité, qui doit aussi être énoncée, ne suffisait pas pour faire reconnaître l'individualité [3].

Changement d'assignations du payement.

Lorsque, sur la demande du titulaire d'une ordonnance ou d'un mandat, le Ministre autorise que le payement en soit réassigné sur une autre caisse, il doit être produit à l'Ordonnateur :

---

[1] Cet usage remonte, pour la Marine, à l'année 1817. — Il a été établi dans les bureaux de la Direction comptable, en vertu d'un ordre de service du 21 avril de lad.te année.

[2] Voir, — page 153 du Manuel, — la circulaire du 25 novembre 1842.

[3] *Finances.* — Règlement du 26 janvier 1846, art. 129.

1° L'extrait d'ordonnance ou le mandat, et, en cas de perte, le certificat de non-payement prévu par l'article 64 du règlement financier du 31 octobre 1840 [1];

2° Un certificat spécial, constatant qu'il n'existe pas d'opposition contre le titulaire à la caisse où le payement avait été primitivement assigné.

Nous n'avons fait qu'indiquer ici quelques-unes des règles applicables à l'acquittement des dépenses. — Nous insérons aux ANNEXES, sous le n° 2, et d'après les principes posés dans l'article 10 de l'ordonnance du 14 septembre 1822, imprimé ci-après en tête du présent titre, un projet de *Nomenclature générale des dépenses* [2].

Cette *Nomenclature*, établie sur les classifications du budget de l'exercice 186 , est destinée à remplacer celle qui se trouve annexée au règlement financier du 31 octobre 1840. — Elle a été révisée et complétée, d'après les règles survenues depuis cette époque, au double point de vue du *Mode d'administration des divers Services* et des *Pièces justificatives* à produire à l'appui des ordonnances et mandats de payement.

En attendant que ce *projet* ait reçu la sanction qui lui manque, nous avons pensé que, comme il ne renfermait, en définitive, que des dispositions consacrées par la règle ou par l'usage, il pouvait être utile de le publier, mais seulement à titre de renseignement.

[1] VOIR, ci-après, — page 208 du MANUEL, — la circulaire du 8 juillet 1858.

[2] VOIR pages 797 et suivantes.

§ 3. — DÉPENSES DU PERSONNEL.

1° — TRAITEMENTS ET ALLOCATIONS DIVERSES.

NOTE PRÉLIMINAIRE.

Traitements de diverses natures. Les traitements fixes et suppléments de traitements, les indemnités fixes ou éventuelles, allouées à titre d'émolument personnel, sont déterminés par les lois, décrets, ordonnances, arrêtés ou règlements relatifs aux Services dans lesquels les emplois sont exercés, ou par des décisions de l'Autorité compétente.

La justification de ces dépenses repose, en principe, sur l'établissement de décomptes individuels qui présentent avec les nom, prénoms et grade du titulaire, la solde annuelle et les allocations accessoires résultant des tarifs et le nombre de journées donnant lieu au décompte.

Mode de liquidation des traitements. Dans la liquidation de la solde et des traitements, tout mois compte pour trente jours, soit qu'il ait plus, soit qu'il ait moins que ce nombre de jours. Ainsi, le trente et unième jour d'un mois est négligé, tandis qu'il est ajouté un ou deux jours au mois de février.

La même règle est observée pour le calcul des retenues à exercer en cas de congé ou de présence dans les hôpitaux [1].

Les droits d'un titulaire d'emploi à la jouissance du

[1] *Finances.* — Règlement du 26 janvier 1846, art. 90.

traitement s'éteignent à partir du lendemain de la cessation d'activité de service.

Le traitement d'un employé décédé est dû à ses héritiers ou représentants jusques et compris le jour de son décès.

Le traitement d'un démissionnaire lui est payé jusques et compris le jour où lui a été notifiée l'acceptation de sa démission, ou jusques et compris le jour qui aurait été assigné pour l'installation du successeur ou pour la cessation des fonctions.

Tout employé qui abandonne son poste, sans qu'au préalable il ait obtenu un congé ou donné sa démission, perd le droit à son traitement à compter du jour même de son absence [1].

Le remboursement par les officiers et agents des différents Corps de la Marine des sommes dont ils pourraient être débiteurs pour trop-payé, etc. est poursuivi dans les formes et de la manière indiquées par les actes qui régissent le Personnel de la Marine.

Les reprises peuvent être précomptées sur des liquidations de droits ultérieurement acquis, mais seulement lorsque la dépense à annuler et la dépense à acquitter concernent le même exercice et le même chapitre du budget. Il suffit alors d'expliquer l'opération dans le nouveau décompte de liquidation, sur le montant duquel il est fait déduction de la somme à répéter aux titulaires d'emplois [2].

[1] *Finances.* —Règlement du 26 janvier 1846, art. 95.

Marine. — Décret du 9 octobre 1851, sur la solde, article 7.

[2] Règlement du 31 octobre 1840, art. 111.— *Finances.*—Règlement du 26 janvier 1846, art. 98.— Actes divers.

Retenues
au profit
de la Caisse
des Invalides.

Les officiers, fonctionnaires et agents du Service général de la Marine supportent, au profit de la Caisse des Invalides de la Marine chargée d'acquitter leurs pensions, ensemble celles de leurs veuves et orphelins, une retenue de 3 p. o/o sur tous les payements qui leur sont faits[1].

Cette retenue est élevée à 5 p. o/o à l'égard des chefs et commis de l'Administration centrale. Ils versent, en outre, à ladite Caisse des Invalides :

1° Le montant intégral du premier mois d'appointements lors de l'entrée en exercice, à moins qu'ils ne proviennent du Service général;

2° Le premier mois de la portion de traitement accordée à titre d'augmentation;

3° Le produit de la retenue opérée sur leurs appointements en cas de congé [2].

L'émargement à donner par les ayants droit sur les

[1] La même retenue de 3 p. o/o est exercée sur les dépenses du Matériel.

L'origine de cette attribution remonte à l'année 1673 pour le Personnel, et à l'année 1713 pour le Matériel. Il y eut confirmation par la loi du 13 mai 1791, puis fixation à trois centimes par franc du taux de la retenue par l'arrêté du Gouvernement du 27 nivôse an IX (17 janvier 1801).

La retenue sur les dépenses du Matériel, après avoir momentanément cessé à partir de 1843, avait d'abord été rétablie sur le pied d'un et demi pour cent par le décret du 13 février 1852; mais, en présence des obligations légales de la Caisse des Invalides et de la perte d'un dixième sur ses rentes 5 p. o/o converties en 4 et demi, il a fallu en revenir au taux de 3 centimes par franc, ainsi que cela se pratiquait depuis l'an IX. — Tel a été l'objet de l'article 23 de la loi de finances du 8 juillet 1852.

(*Extrait du budget de l'Établissement des Invalides.* — Exercice 1860.)

[2] C'est une ordonnance du 31 décembre 1833 qui a élevé de trois à cinq centimes par franc la retenue à exercer sur les appointements des chefs et employés du Ministère de la Marine et des Colonies.

La même ordonnance attribue, en outre, à la Caisse des Invalides les trois allocations spéciales relatées plus haut.

états nominatifs de liquidation peut toujours être suppléé par des quittances individuelles séparées [1].

Les états nominatifs de liquidation, quand chaque partie prenante ne touche pas elle-même la somme qui lui revient, doivent porter, outre l'émargement des ayants droit, l'acquit de la personne dénommée dans l'ordonnance ou le mandat et qui est chargée d'en recevoir le montant collectif [2].

Les états de payement ordonnancés ou mandatés au profit des Équipages des bâtiments et des Corps militaires doivent être acquittés par tous les membres des Conseils d'administration. Pour les bâtiments, Corps ou fractions de Corps n'ayant pas de Conseil d'administration, les ordonnances ou mandats sont acquittés par l'officier ou le sous-officier commandant. Dans ce dernier cas, le signataire de l'acquit doit être désigné, dans le mandat ou l'ordonnance, par son nom et par la qualité qui lui donne droit à en recevoir le montant sur sa quittance [3].

Voici maintenant quelques-unes des règles spéciales à certaines dépenses du *Personnel.*

Un mot, d'abord, des *délégations.*

Les portions de solde déléguées à leurs familles ou à des tiers par les officiers des différents Corps de la Marine embarqués ou servant à l'*Extérieur,* sont toujours ordonnancées et mandatées aux noms et qualités des délégants. Mais le libellé de l'ordonnance ou du mandat

[1] *Finances.* — Règlement du 26 janvier 1846, p. 171, § 15.

[2] *Idem,* p. 171, § 16.

[3] *Idem,* p. 171, § 17.

désigne la personne en faveur de laquelle la délégation a été consentie, et dont la quittance sera acceptée par le Comptable chargé d'effectuer le payement.

Les mandats délivrés dans les ports chefs-lieux pour payement des délégations consenties par les officiers-mariniers et marins embarqués ou servant à l'*Extérieur,* sont acquittés en présence et sur l'acquit d'une Commission administrative chargée d'assister, chez le Payeur, à la remise des sommes dues aux délégataires.

Généralement reprises et coordonnées dans les deux décrets des 19 octobre 1851 et 11 août 1856 sur la *solde,* les dispositions relatives aux *délégations,* encore actuellement en vigueur, sont disséminées dans un nombre assez considérable de décisions, d'arrêtés et de circulaires.

Nous aurions voulu pouvoir donner le texte de ces différents actes; mais cela nous aurait conduit beaucoup trop loin : nous avons reproduit seulement les dispositions principales [1].

Congés. Nous aurions également voulu pouvoir donner ici l'ensemble des règles sur les *Congés.*—Cela aurait encore exigé des développements que ne comportait pas notre travail.

---

[1] Voici néanmoins, pour le cas où l'on voudrait pénétrer dans les détails de la question, le relevé des actes que l'on pourrait utilement consulter, indépendamment de ceux dont le texte même est reproduit à la suite de la présente Note :

Arrêté du 16 brumaire an x (7 novembre 1801).
Recueil des lois de la Marine, t. XII, p. 56.

Circulaire du 14 février 1848. (Services administratifs.)
Bulletin officiel de la Marine, 1er semestre, p. 95.

Circulaire du 23 février 1848. (Services administratifs.)
Bulletin officiel, 1er semestre, p. 121.

Circulaire du 23 août 1848. (Services administratifs.)
Bulletin officiel, 2e semestre, p. 127.

Nous avons d'ailleurs pensé que les *Congés* ne rentraient pas précisément dans notre cadre. Nous n'avons donc reproduit sur cette matière qu'un très-petit nombre d'actes, concernant plus spécialement les officiers des *Corps entretenus* et l'*Administration centrale* de la Marine.

Nous renvoyons, pour le surplus, aux décrets des 22 juin 1847, sur les *Troupes;* — 19 octobre 1851, sur les *officiers et les divers agents;* — et 11 août 1856, sur les *Equipages.* — « Les règles de ce dernier décret, dit le rap-« port qui les précède, ont été coordonnées en vue de con-« cilier les exigences du Service avec les facilités que com-« porte, dans certains cas, le pénible métier du marin. »

Au nombre des documents réunis sous le présent titre,

Quittances provisoires.

Circulaire du 28 avril 1849. (Services administratifs.)
> *Bulletin officiel*, 1er semestre, p. 267.

Circulaire du 8 juin 1853. (Personnel.)
> *Bulletin officiel*, 1er semestre, p. 536.

Dépêche du 12 décembre 1854. (Invalides.)
> *Bulletin officiel*, 2e semestre, p. 933.

Circulaire du 13 février 1855. (Invalides.)
> *Bulletin officiel*, 1re partie, p. 102.

Circulaire du 22 mai 1855. (Invalides.)
> *Bulletin officiel*, 1re partie, p. 265.

Circulaire du 10 juillet 1855. (Colonies.)
> *Bulletin officiel*, 1re partie, p. 431.

Circulaire du 27 mai 1856. (Personnel. — Invalides.)
> *Bulletin officiel*, 1re partie, p. 493.

Circulaire du 2 mars 1857. (Colonies.)
> *Bulletin officiel*, 1re partie, p. 157.

Code de justice maritime. — Loi du 4 juin 1858. — Articles 248 à 250.

Circulaire du 19 octobre 1858. (Personnel.)
> *Bulletin officiel*, 1re partie, p. 909.

figure une circulaire essentielle, portant la date du 16 avril 1844, et relative au mode de payement des dépenses du *Personnel* dans les ports.

« Depuis longtemps, le Trésor et la Cour des comptes « réclamaient contre le système en usage des *quittances pro-* « *visoires*, lesquelles, préparées d'avance, individuellement « présentées aux Payeurs par les parties prenantes, étaient « échangées plus tard, par les Ordonnateurs, contre des « états collectifs d'émargement et des mandats définitifs. — « A l'appui de ces réclamations, on invoquait surtout ce « principe, que l'argent ne devait sortir des caisses de l'État « que sur des pièces régulières et définitives.

« Des difficultés inhérentes à la spécialité de la Marine, « à la mobilité de son Personnel, avaient empêché la réali- « sation des vœux exprimés à cet égard. A la suite d'une « nouvelle étude, est intervenue l'instruction du 16 avril, « laquelle, tout en maintenant quelques exceptions fort « rares, mais indispensables, est entrée dans la voie légale « de l'ordonnancement préalable et définitif.

« Cette modification, sagement ménagée, a été un véri- « table progrès [1]. »

Livrets. On trouvera encore, sous le présent titre, les règles relatives à la formalité du *livret,* dont l'origine remonte aux plus anciens règlements de la Marine.

Il existe aux Archives de ce Ministère une ordonnance, du 6 janvier 1700, « portant défense aux officiers de la « Marine qui changeront de département, de partir des « ports sans certificat de l'Intendant du port qu'ils quitte- « ront, pour éviter les doubles emplois. »

---

[1] *Répertoire général des lois de la Marine,* — 1849, — t. Ier, p. 790.

L'établissement régulier du *livret* résulte d'une décision de M. le vice-amiral Bruix, en date du 23 nivôse an VII (12 janvier 1799).

Les prescriptions relatives au livret ont été reprises et développées, en dernier lieu, par le décret du 11 août 1856, portant règlement sur la solde, les revues, l'administration et la comptabilité des équipages de la flotte.

Nous ne terminerons pas sans appeler enfin l'attention sur le changement introduit par la circulaire du 30 septembre 1847 dans le mode de payement des dépenses du *Personnel*. Rappels de solde sur l'exercice courant.

Nous voulons parler de l'application à la Marine, de la faculté, ouverte par la loi du 8 juillet 1837 (art. 9), d'acquitter sur les crédits ouverts pour le service de la solde, dans le budget de l'exercice courant, les rappels de solde appartenant à des exercices expirés.

Par des considérations sur lesquelles nous n'avons pas à nous expliquer ici, le Département avait longtemps hésité, avant d'adopter cette mesure, toute favorable, en définitive, aux intérêts des officiers, marins et divers agents du Service de la Marine [1].

Tels sont les principaux actes développés sous le présent titre, et se rattachant principalement à la solde des *officiers* et *agents entretenus de la Marine.* — On trouvera, sous les deux titres suivants : *Cumul* et *Salaires d'ouvriers,* le complément des dispositions relatives à la Comptabilité de l'ensemble du *Personnel*.

[1] Voir le titre EXERCICES CLOS ET PÉRIMÉS.

§ 3. — DÉPENSES DU PERSONNEL. (Suite.)

2° — CUMUL.

NOTE PRÉLIMINAIRE.

La question du *Cumul*, simple en apparence, présente, dans l'application, des nuances assez délicates, et nous avons eu quelque peine à préciser la teneur des règles actuellement en vigueur. Il a fallu rechercher toutes celles des dispositions qui, successivement introduites dans la législation depuis 1816, avaient aussi successivement disparu dans le même intervalle.

Nous allons essayer de donner un aperçu des principales modifications survenues dans cette matière.

Nous parlerons d'abord de la déclaration prescrite par l'arrêté du 14 octobre 1848, et qui avait surtout pour objet le calcul des retenues proportionnelles à opérer, en vertu du décret du 12 août précédent, sur les traitements civils et les pensions militaires cumulés.

Cette déclaration était en même temps utile, en cas de jouissance de deux traitements civils, pour l'application des dispositions, toujours en vigueur, de la loi du 28 avril 1816.

Elle a été maintenue dans la pratique, mais pour ce dernier cas seulement, attendu que, par le fait, l'arrêté qui n'était que la conséquence du décret du 12 août 1848, relatif aux retenues à exercer sur le traitement civil des militaires retraités, a été virtuellement abrogé, avec le

décret lui-même, par l'article 27 de la loi du 8 juillet
1852.

D'un autre côté, cette même loi du 8 juillet 1852 a
également abrogé le décret du 13 mars 1848, relatif à l'interdiction de tout cumul, au delà de 700 francs, entre
une pension de retraite et un traitement d'activité, servis
l'un et l'autre, soit par les fonds de l'État ou des Communes, soit par les fonds de retenue.

Par suite de l'abrogation de ces deux décrets des
13 mars et 12 août 1848, les cas de cumul se sont trouvés
replacés, sauf quelques exceptions que nous indiquerons
tout à l'heure, sous l'empire de la législation qui existait
sur cette matière, antérieurement à la révolution de février
1848.

Ainsi, les questions relatives au cumul de traitements
et pensions trouvent leur solution, savoir :

En cas de cumul de deux ou plusieurs traitements :

Dans la loi de finances du 28 avril 1816 (article 78);

En cas de cumul de pension avec traitement d'activité :

Dans les lois des 25 mars 1817 (art. 27);

——————————— 15 mai 1818 (art. 12 et 13);

——————————— 11 avril 1831 (art. 4 et 27);

——————————— 18 avril 1831 (art. 4 et 29);

——————————— 19 mai 1834 (art. 19 et 24).

Les seules exceptions apportées aux règles tracées par
ces diverses lois, consistent dans l'abrogation, par l'article 36 de la loi du 9 juin 1853 sur les *Pensions civiles,*
savoir :

1° Du premier paragraphe de l'article 27 de la loi de
finances du 25 mars 1817, ainsi conçu : « *Nul ne pourra*
« *cumuler deux pensions, ni une pension avec un traitement d'ac-*

« *tivité, de retraite ou de réforme. Le pensionnaire aura le choix*
« *de la pension ou du traitement le plus élevé;* »

2° De l'article 13 de la loi de finances du 15 mai 1818,
ainsi conçu : « *Pourront également se cumuler les pensions et*
« *traitements de toute nature qui, réunis, n'excéderaient pas sept*
« *cents francs, et seulement jusqu'à concurrence de cette somme.* »

Nous ne pousserons pas plus loin cette analyse, et, sans
parler des nombreuses circulaires auxquelles ont dû
donner lieu les mesures que nous venons de rappeler très-
sommairement, nous nous bornerons à reproduire ci-après
le texte même des règles actuellement suivies, en ce qui
touche les questions de *cumul* dans le Département de la
Marine.

§ 3. — DÉPENSES DU PERSONNEL. (Suite.)

3° — SALAIRES D'OUVRIERS.

NOTE PRÉLIMINAIRE.

La question du mode de payement des *ouvriers* dans les ports a été l'une des plus difficiles pour la Comptabilité de la Marine.

En matière de payement, la règle financière veut que les dépenses soient acquittées par les préposés du Trésor, à leur caisse, sans déplacement de fonds et de personnes, et que les payements reçoivent, à l'instant même où ils ont lieu, toutes les formalités propres à les justifier. La quittance du créancier est d'obligation rigoureuse.

Pour les dépenses du *Personnel*, cette quittance est donnée, soit au pied du mandat individuel, soit sur les états d'émargement rattachés au mandat collectif.

Pour les Corps de troupes, les Conseils d'administration exercent une action qui a été légalement déterminée.

Mais pour les *ouvriers des arsenaux* qui ne sont point organisés en Corps, rien de semblable n'était possible.

Voici quel était autrefois le mode en usage :

Contrairement aux principes que nous venons de rappeler, le Payeur, nanti des fonds, se transportait, à jour fixe, dans l'intérieur de l'arsenal, et là, en présence des délégués de la Marine, les payements s'effectuaient par l'intermédiaire de billeteurs, qui donnaient quittance des sommes, à la répartition desquelles chacun d'eux procé-

8

dait immédiatement. C'est ce qu'on appelait alors le mode des payements *à la banque.*

Cet état de choses dura tant que les Payeurs des ports relevèrent du Ministre de la Marine.

Mais à l'époque de leur suppression et de leur remplacement par les Payeurs des départements, c'est-à-dire en 1817 [1], des objections s'élevèrent contre un état de choses que l'on trouvait irrégulier, et à la suite de discussions souvent engagées, abandonnées et reprises, le Ministère des Finances trancha lui-même la question, et donna l'ordre aux Payeurs, en 1834 [2], d'effectuer désormais à leur caisse, sans déplacement de fonds et de personnes, le payement des *salaires des ouvriers.*

Ainsi mise en demeure par le Trésor, la Marine dut aviser au moyen de sortir d'embarras, et ce fut alors qu'intervint la circulaire du 15 mars 1834, qui, malgré l'ancienneté de sa date et les circonstances dans lesquelles elle s'est produite, sert encore aujourd'hui de règle pour les payements de l'espèce.

Cette circulaire, dont nous donnons plus loin le texte, a eu principalement pour objet d'assurer le service de la Marine, et de suppléer, autant que possible, aux Conseils d'administration des Corps, par des Commissions temporaires dites *commissions des payements de salaires d'ouvriers.* Ces Commissions ont pour obligation de recueillir les éléments de la dépense, d'en recevoir le montant et de donner quittance provisoire, de surveiller la distribution aux billeteurs, de vérifier si le chiffre des sommes payées concorde avec le total des billets de partage, enfin d'aviser

[1] Ordonnance du 18 novembre.
[2] 28 février.

à ce que les dernières justifications soient exactement portées aux Payeurs.

Nous devons consigner ici que, depuis plus de vingt-cinq ans, la circulaire du 15 mars 1834, constamment appliquée dans les ports, constamment invoquée par le Ministère des finances et la Cour des comptes, n'a soulevé que quelques objections provenant du Département de la Marine lui-même, et tirées de la part de responsabilité qu'elle faisait peser sur les membres des Commissions chargées d'intervenir dans le payement des salaires.

Les Ministres de la Marine, peu touchés d'une argumentation qui n'avait rien de bien solide, ont toujours maintenu les prescriptions de la circulaire de 1834. — Ils l'ont fait quelquefois en termes assez vifs, et comme, en définitive, cette question des *Salaires* est, ainsi que nous le disions en commençant, l'une des plus difficiles de la Comptabilité de la Marine, nous croyons devoir publier à la suite de la présente note, indépendamment de la circulaire du 15 mars 1834, plusieurs des lettres de rappel auxquelles cette circulaire a donné lieu.

§ 4. — DÉPENSES DU MATÉRIEL.

NOTE PRÉLIMINAIRE.

Dispositions
générales.

En principe, l'achat des approvisionnements a lieu par voie d'adjudications passées avec concurrence et publicité [1].

Les *conditions générales*, approuvées le 30 mars 1847, déterminent les règles suivant lesquelles on procède aux adjudications. Des cahiers des charges particuliers, tout en se référant aux conditions générales, spécifient les clauses et conditions de chacune des fournitures.

Les achats pour lesquels il est traité de gré à gré [2], sont aussi l'objet de marchés qui se réfèrent en tout ou en partie aux règles posées par les conditions générales précitées.

Les marchés contractés sous cette dernière forme comprennent ordinairement :

1° Les constructions de bâtiments légers ou de transport que le Département n'a point intérêt à faire édifier dans ses propres arsenaux, mais qui cependant ne peuvent être confiées qu'à des constructeurs expérimentés;

2° La fabrication des moteurs à vapeur, des appareils

[1] Loi du 31 janvier 1833, art. 12.— (Voir le titre Comptes, page 62 du Manuel.) Ordonnance du 4 décembre 1836, art. 1ᵉʳ. — (Voir page 347 du Manuel.)

[2] Ordonnance du 4 décembre 1836, art. 2. — (*Idem.*)

évaporatoires dont la Marine ne s'est pas réservé la confection, et qui ne peuvent être demandés qu'à des usines possédant des ressources puissantes et éprouvées;

3° Les achats à l'Étranger des matières brutes qui manquent au sol national;

4° Les objets d'outillage, les instruments de précision qui forment la spécialité d'Établissements particuliers et les produits des industries brevetées;

5° Les fournitures urgentes ou celles pour lesquelles l'adjudication publique n'a pas produit de résultats ou n'en a produit que d'inacceptables [1].

Dans les traités passés avec le Département de la Marine, aucune stipulation d'intérêts ou commission de banque ne peut être consentie au profit d'un entrepreneur ou fournisseur, à raison d'emprunts temporaires ou d'avances de fonds pour l'exécution du service dans l'intérieur de l'Empire [2].

A l'exception des dépenses d'*affrétements*, pour lesquelles l'usage est de payer un à-compte au départ, et le solde après l'arrivée à destination, aucun marché ou convention ne doit stipuler d'à-compte que pour un service fait. En aucun cas les à-compte sur le prix de travaux en cours d'exécution ne peuvent excéder les cinq sixièmes du droit constaté [3].

---

[1] Voir la nomenclature donnée par l'ordonnance du 4 décembre 1836, art. 2, — et par le règlement de la Marine du 31 octobre 1840, art. 26.

[2] Règlement de la Marine du 31 octobre 1840, — art. 38.
Règlement des Finances du 26 janvier 1846, — art. 74.

[3] Règlement de la Marine du 31 octobre 1840, — art. 39.
Règlement des Finances du 26 janvier 1846, — art. 141.
Circulaire du 8 mai 1847.

Les réemplois de matières et objets utilisés pour les Services d'où ils proviennent doivent être prévus dans les marchés ou conventions, et justifiés au moyen d'un décompte établi à l'appui des devis, dans lequel se trouvent décrits et évalués les objets réformés remis aux entrepreneurs ou fournisseurs chargés d'en opérer la transformation. La nature et la valeur de ces objets sont ensuite rappelées au bas des mémoires [1].

L'administration veille à ce que les titulaires des adjudications ou marchés réalisent, dans le plus court délai possible, les cautionnements stipulés dans leurs traités.

A moins de décision contraire, il ne peut être fait aucun payement aux entrepreneurs et fournisseurs, avant qu'ils aient justifié de la réalisation desdits cautionnements [2].

Lorsque, par suite de retard dans l'accomplissement de leurs engagements, les fournisseurs sont passibles d'amendes, la liquidation comprend copie de l'acte intervenu, soit pour appliquer la pénalité encourue, soit pour en exonérer la partie intéressée [3].

Sous le rapport de la désignation du titulaire ou des titulaires, comme sur tout autre point, les traités doivent présenter la plus rigoureuse exactitude, aucune modification ne pouvant être introduite dans les actes de cette nature après leur enregistrement.

Tout désaccord entre les dénominations portées aux marchés, aux factures, aux pièces comptables, et par suite

[1] Règlement de la Marine du 31 octobre 1840, — art. 187.
Règlement des Finances du 26 janvier 1846, page 175, § 41.

[2] Règlement de la Marine du 31 octobre 1840, — art. 91, § 3.
Règlement des Finances du 26 janvier 1846, — art. 173.

[3] Règlement des Finances du 26 janvier 1846, page 175, § 40.

aux ordonnances et mandats, ferait naître des difficultés lors du payement.

C'est par ce motif que l'Administration a prescrit, à plusieurs reprises, de mettre en relief, dans les traités et dans tous les actes auxquels elle concourt, la dénomination des sociétés soumissionnaires, abstraction faite des administrateurs, directeurs, gérants ou de toutes autres personnes qui n'agissent que comme délégués ou fondés de pouvoirs.

En acceptant et en consacrant la dénomination des intermédiaires, on serait conduit à attribuer la créance à qui n'est pas le créancier réel, et on donnerait naissance à une multitude d'embarras que l'Administration doit s'attacher à prévenir.

Ainsi, en cas de dissolution de société, de révocation ou de décès des administrateurs ou gérants, les payements ordonnancés au nom des intermédiaires seraient nécessairement suspendus, au grand détriment de la société commerciale intéressée, jusqu'à ce qu'elle ait pu établir par actes judiciaires sa nouvelle situation.

D'un autre côté, la responsabilité administrative pourrait se trouver compromise si, par la dénomination des intermédiaires, aux lieu et place de celle des sociétés soumissionnaires, des payements se trouvaient consommés sans qu'il ait pu être tenu compte des oppositions et autres actes conservatoires signifiés au Payeur à la charge des fournisseurs réels.

Dans le cas de cession ou de transfert de marché, dans celui de faillite ou de décès du titulaire et même dans celui de dissolution de société, les dénominations précédemment inscrites au traité doivent être maintenues sur les pièces comptables et sur les ordonnances et mandats, par la raison que tant que le traité n'a pas été résilié ou modifié par le Ministre, l'obligation n'ayant pas été déplacée, la créance ne peut pas l'être.

En définitive, les modifications à introduire dans les marchés, quant à la nature et à l'importance de la fourniture, et s'il y avait lieu, quant à la dénomination des titulaires, ne peuvent s'effectuer qu'en vertu d'actes additionnels soumis aux mêmes formes que les traités primitifs, ou en vertu de décisions ministérielles.[1]

Mode d'acquittement des dépenses du Matériel.

En ce qui touche le mode d'acquittement des dépenses du Matériel, nous croyons devoir reproduire ici ce que nous avons dit, en 1849, à la page 792 du premier volume du *Répertoire général des lois et ordonnances de la Marine :*

« Avant 1844, plusieurs systèmes d'ordonnancement étaient si-
« multanément appliqués.

« Pour les fournitures relatives aux deux services des Vivres et des
« Colonies, l'usage était de payer intégralement les fournitures, au
« fur et à mesure des livraisons, après constatation de la recette
« définitive et liquidation des droits ouverts sur le Trésor.

« Le même usage s'étendait, sous les mêmes conditions, aux
« autres fournitures des différents Services, mais pour celles seule-
« ment dont le montant devait être acquitté localement, par les
« soins des Ordonnateurs secondaires de la Marine.

« Quant à celles des fournitures qui, ayant eu lieu dans les ports,
« devaient être rendues payables à Paris sur ordonnances directes du
« Ministre, et c'était la portion la plus considérable, on avait cou-
« tume de ne les payer que par à-compte, réservant pour l'approche
« de la clôture de l'exercice la délivrance des ordonnances de solde,

[1] Voir page 372 du MANUEL, — la circulaire du 18 décembre 1856.

« auxquelles on rattachait alors les pièces justificatives de l'ensemble
« des fournitures successivement recueillies par les bureaux du Mi-
« nistère.

« Enfin, pour les payements à faire par suite de travaux à l'entre-
« prise, ils avaient également lieu par à-compte, suivant le degré
« d'avancement du travail à exécuter, et, conformément aux pres-
« criptions de l'ordonnance du 31 mai 1838 [1], l'Administration
« avait le soin de ne pas dépasser la limite des cinq sixièmes du
« travail total, de manière à réserver, par le sixième restant à
« payer, la garantie du Département pour l'entière et complète exé-
« cution des engagements contractés par l'entrepreneur.

« A l'égard de cette dernière partie des dépenses, il ne pouvait
« être question de modifier la règle suivie. Elle était le résultat d'une
« disposition formelle de l'ordonnance sur la Comptabilité publique.
« Elle fut donc maintenue.

« Mais pour la partie considérable des fournitures proprement
« dites, faites dans les ports et rendues payables à Paris, rien ne
« paraissait devoir s'opposer à ce qu'on leur appliquât le mode du
« payement intégral des livraisons faites, tel qu'il avait eu lieu pour
« les fournitures correspondantes acquittées sur les lieux par les
« soins des Ordonnateurs secondaires de la Marine.

« L'usage de ne procéder à Paris que par des payements d'à-
« compte ne reposait sur aucune règle. Seulement il remontait à des
« temps fort éloignés, et, s'il fallait en rechercher l'origine, peut-
« être la trouverait-on dans les embarras financiers des époques an-
« térieures et dans le besoin qu'éprouvait l'Administration de con-
« server une garantie matérielle contre les fournisseurs, en cas
« d'inexécution de leurs traités, alors qu'il n'y avait pas, comme
« aujourd'hui, des cautionnements en argent propres à assurer les
« droits du Trésor.

« Toujours est-il que ces motifs n'existant plus, et convaincue
« d'ailleurs qu'il n'en pouvait résulter aucun préjudice pour les
« finances de l'État, puisqu'il s'agissait, en définitive, de fournitures

---

[1] Art. 42, reproduit par l'art. 39 du règlement de la Marine du 31 octobre
1840. — (Voir la présente Note, page 67.)

« réellement faites et dûment constatées, l'Administration prescrivit
« en 1844, de payer intégralement, soit à Paris, soit dans les ports,
« toutes celles des dépenses qui auraient subi les formalités néces-
« saires pour établir le droit des créanciers.

« Ce nouveau système eut pour résultat :

« De hâter la libération du Ministère de la Marine ;

« D'apporter plus de clarté dans les écritures, et de diminuer les
« chances d'erreur ;

« De décharger l'Administration de la responsabilité que fait peser
« sur elle la conservation d'une masse énorme de pièces comptables
« qui s'accumulaient dans les cartons jusqu'à l'époque de l'ordon-
« nancement des soldes ;

« De réunir aux ordonnances de payement comprises dans la ges-
« tion annuelle du Payeur les justifications qui s'y rapportent, les-
« quelles, dans le système antérieurement en vigueur, étaient pour
« la majeure partie rattachées à la gestion subséquente ;

« Enfin, de procurer au Trésor public, puis à la Cour des comptes,
« les moyens de vérifier, sur pièces, l'exactitude des décomptes en
« deniers portés sur les ordonnances.

« Dans son rapport sur les comptes de l'année 1844, la Cour des
« comptes s'est exprimée de la manière suivante sur la modification
« adoptée par le Département de la Marine : « Le même compte (celui
« du Payeur central) nous a présenté une amélioration importante
« dans la liquidation des dépenses du *Matériel*. Suivant le mode
« pratiqué depuis plusieurs années dans le Département de la Guerre,
« le Ministère de la Marine a liquidé et soldé définitivement, en
« 1844, la plus grande partie des fournitures effectuées dans les dix
« premiers mois de l'année. Cette mesure d'ordre simplifie à la fois
« le travail de notre contrôle et celui de la liquidation des dé-
« penses. »

Une autre amélioration apportée par la Marine dans la
justification des dépenses du *Matériel*, remonte également
à 1844.

Depuis longtemps, dans la Marine, cette justification

consistait à mettre à l'appui des ordonnances et mandats de payement :

1° Des marchés ou des conventions;

2° Des récépissés de livraisons indiquant la nature, l'imputation et la date des recettes définitives.

Ainsi, parmi les pièces probantes soumises au contrôle de la Cour des comptes, il n'en était aucune qui émanât des soumissionnaires eux-mêmes. A la vérité, les fournisseurs étaient tenus de remettre des factures ou mémoires des objets livrés par eux; mais ces productions directes, qui n'étaient pas régulièrement exigées par tous les Ordonnateurs, demeuraient d'ailleurs entre les mains du chef de détail qui avait délivré l'ordre d'introduction, et il arrivait qu'en définitive la justification des dépenses de l'espèce n'était établie que par des certifications administratives.

Cet état de choses, qui était spécial au Département de la Marine, et qui avait donné lieu à des observations, tant de la part de la Cour des comptes que de celle des Commissions mixtes de Comptabilité, a été modifié par décision du 26 octobre 1844.

En vertu de cette décision, des factures ou mémoires établis par les fournisseurs de la Marine sont ajoutés aux justifications ordinaires produites au soutien des ordonnances et mandats de payement. Ces factures ou mémoires, datés et signés par les fournisseurs, sont, en outre, soumis à la formalité du *timbre,* conformément au vœu de la loi.

Voici comment la Cour des comptes a apprécié cette mesure d'ordre, dans son rapport déjà cité, sur les comptes de l'année 1844 :

« Dans le compte du Payeur central, une partie des dépenses du
« Matériel, au lieu d'être appuyée de simples certificats administra-
« tifs, a été régulièrement justifiée par des mémoires ou des factures
« revêtus de la quittance des fournisseurs. Nous devons reconnaître
« cet empressement de la Marine à exécuter une mesure réclamée
« par la Cour, et dont l'application n'était obligatoire qu'à dater de
« 1845. »

Exercice
d'imputation
de
la dépense.

Avant de parler du mode de justification des fournitures, nous devons rappeler la règle en ce qui touche
l'imputation de la dépense.

Nous ne reviendrons pas sur les développements que
nous avons donnés à cet égard aux deux titres *Budgets* et
Comptes.

Nous rappellerons seulement que, d'après les termes
combinés de l'ordonnance du 14 septembre 1822 et du
décret du 11 août 1850, les dépenses résultant d'un service fait dans l'année qui donne son nom à l'exercice
sont seules considérées comme appartenant audit exercice; et que, pour certains Services du *Matériel* qui n'auraient pu, d'après une déclaration motivée de l'Ordonnateur, être terminés avant le 31 décembre, la période
pendant laquelle doivent se consommer tous les faits de
dépense de chaque exercice, a été fixée au 1er février de
la seconde année.

Nous ajouterons que, jusqu'en 1847, les expressions
de *service fait* n'avaient pas toujours été interprétées dans
le même sens.

Tantôt l'exercice d'imputation était déterminé par la
date de livraison, tantôt c'était la date de l'admission en
recette qui servait à déterminer l'exercice.

Ce dissentiment occasionnait une confusion fâcheuse,

pour les faits de dépenses qui se produisaient à la fin de l'année ou dans la période de tolérance de la seconde.

Les circulaires des 10 mars 1847 et 30 décembre 1853 ont décidé que la date de la recette effective devait seule déterminer l'exercice d'imputation.

C'est d'après le même principe que lorsque, dans les traités, il est stipulé des à-compte pour des fournitures et travaux dont l'exécution exige deux ou plusieurs années, ces à-compte sont imputés à l'exercice pendant lequel sont constatés les droits des fournisseurs et entrepreneurs.

Nous rappellerons enfin, pour terminer sur ce point, que le solde des fournitures et les *retenues de garanties* sont imputés à l'exercice pendant lequel a été prononcée la recette générale provisoire du matériel ou des travaux auxquels ils se rapportent [1].

Si, des règles générales que nous venons de rappeler, nous passons à celles qui se rattachent plus particulièrement à la justification et à l'ordonnancement des dépenses, nous retrouvons les principes suivants.

La justification des dépenses du *Matériel* s'établit surtout:

1° Par l'acte ou le traité qui constitue les engagements réciproques, ou par la décision ministérielle qui autorise l'achat;

2° Par la preuve de l'accomplissement du service effectué, laquelle résulte:

De la *facture* ou du mémoire présenté par le fournisseur,

[1] Voir page 364 du MANUEL, — la circulaire du 23 novembre 1850 et la note qui l'accompagne.

Et de la liquidation administrative.

Des justifications complémentaires ne sont utiles que lorsque les fournitures se sont accomplies dans des conditions autres que celles inscrites aux traités [1].

Les titres produits en justification des dépenses doivent toujours indiquer la date précise, soit de l'exécution ou de la livraison des travaux ou fournitures, soit de l'exécution de tout service qu'il s'agit de payer [2].

Les cahiers des charges, procès-verbaux d'adjudications, soumissions approuvées, marchés ou conventions, sont produits en copie ou exemplaires imprimés à l'appui du premier payement ordonnancé ou mandaté au nom du titulaire.

Pour les payements ultérieurs, chaque nouvelle ordonnance ou mandat relate par référence la date, le numéro et l'exercice d'imputation du premier payement à l'appui duquel le traité a été rattaché.

Il en est de même pour les décisions et autres documents qui réagissent sur plusieurs ordonnancements [3].

Quand les marchés ne sont produits qu'en extraits, ces extraits comprennent obligatoirement toutes celles des dispositions des actes originaux qui concourent au règlement de la créance.

Les certificats comptables de liquidation, à l'exception

[1] Règlement de la Marine du 31 octobre 1840, — art. 62, § 3.
Règlement des Finances du 26 janvier 1846, — art. 133, § 3.
Actes divers.

[2] Règlement des Finances du 26 janvier 1846, page 170, § 8.

[3] Règlement de la Marine du 31 octobre 1840, — art. 91, §§ 1 et 2, et art. 101.
Règlement des Finances du 26 janvier 1846, — art. 142.

de ceux délivrés pour servir aux payements d'à-compte, d'affrétements et de main-d'œuvre, relatent, suivant le cas :

La déclaration de prise en charge par les comptables du Matériel;

La mention du numéro de l'inscription des objets sur les inventaires ou sur les catalogues, pour ceux dont la nature comporte cette formalité [1].

Les mémoires ou factures de fournitures d'objets matériels et les mémoires des travaux et services se rapportant au *Matériel* doivent être totalisés en chiffres et en toutes lettres; ils sont datés et signés par les créanciers, et le domicile de ces derniers doit y être indiqué [2].

Lorsque la liquidation donne un chiffre inférieur à celui de la demande exprimé sur la facture ou le mémoire, la partie intéressée ou son représentant est invité à certifier, par une nouvelle signature, son acceptation au règlement définitif.

Lorsque les livraisons sont reçues avec rabais sur le prix stipulé au marché, l'ordonnance ou mandat est appuyé d'une copie ou d'un extrait du procès-verbal de recette, approuvé par l'autorité locale, faisant connaître le rabais prononcé et la quantité qui en est frappée.

Les certificats comptables de liquidation relatent la date du marché, celle de la commande, l'époque d'exigibilité de la livraison, la date de l'introduction et la date de la recette.

---

[1] Règlement des Finances du 26 janvier 1846, page 174, § 36.

[2] Règlement des Finances du 26 janvier 1846, page 174, § 35.

La date assignée sur les pièces comptables est celle que porte la soumission et non celle de l'approbation ministérielle.

Lorsqu'il s'agit d'achats qui n'excèdent pas 500 francs, l'administration de chaque port est autorisée à conclure et à exécuter immédiatement, sans en référer au Ministre [1].

Lorsque la dépense n'excède pas 10 francs, il peut n'être pas produit de facture ou de mémoire; mais le détail de la dépense est donné dans le mandat ou l'ordonnance.

Dans le cas de différences reconnues à la recette, les factures sont rectifiées et le fournisseur approuve les rectifications.

Lorsque des pièces comptables contiennent des erreurs de transcription qui ne paraissent pas assez graves pour en motiver la réexpédition, les rectifications sont approuvées par tous les fonctionnaires qui ont coopéré à l'expédition des pièces rectifiées.

Il ne reste plus qu'un mot à dire de la justification propre aux ordonnances ou mandats pour à-compte, lorsque les marchés ont stipulé ce mode de payement.

Lorsqu'il est ordonnancé ou mandaté des à-compte sur une dépense, la première ordonnance ou le premier mandat doit être appuyé de pièces qui constatent le droit du créancier à ce payement. Pour les à-compte subséquents, les ordonnances ou mandats rappellent, au be-

[1] Règlement de la Marine du 31 octobre 1840, — art. 36.
Règlement des Finances du 26 janvier 1846, — art. 71.

soin, les justifications déjà produites, les complétent, s'il y a lieu, et relatent les ordonnances ou mandats d'à-compte précédemment délivrés [1].

Enfin, si la liquidation définitive s'appuie sur des justifications déjà produites à l'appui des ordonnances ou mandats d'à-compte ou d'avance, il suffit de rappeler cette production dans l'ordonnance ou mandat pour solde, en ayant soin d'y indiquer les numéros, dates, exercice et chapitres d'imputation des ordonnances ou mandats auxquels ces pièces ont été annexées, afin de faciliter la recherche des documents justificatifs.

Telles sont les principales règles à observer relativement au mode de liquidation et de payement des dépenses du Matériel. *Résumé.*

Si l'on objectait que, parmi ces règles, il en est qui relèvent plutôt de l'action administrative que de la Comptabilité, proprement dite, nous répondrions, pour défendre autant que possible l'unité de notre travail, consacré surtout aux règles financières, qu'il était bien difficile de faire un choix en pareille matière, et que, dans la pratique, les deux éléments se touchent de près et sont souvent inséparables.

Pour faciliter les recherches de détail sur la question des fournitures, nous donnons, à la suite de la présente Note, l'indication sommaire des principaux actes relatifs à l'exécution des Services du Matériel.

[1] Règlement de la Marine du 31 octobre 1840, — art. 91 et 101.
Règlement des Finances du 26 janvier 1846, — art. 142.

NOTA. — Les actes marqués d'un ASTÉRISQUE sont ceux dont on trouvera plus loi
le texte.

4 décembre 1836. — Ordonnance relative aux marchés à passer
au nom du Gouvernement (*).

21 novembre 1844. — (Personnel. — Ports. — Fonds.) — Circulaire. — Dispositions tendant à compléter la justification des dépenses du Matériel (*) [1].

20 décembre 1844. — Instruction portant règlement provisoire
pour l'exécution de l'ordonnance du 14 juin 1844.... (articles 33,
37 et 43 relatifs à la préparation des marchés).
(*Annales maritimes,* pages 1564 et suivantes.)

31 janvier 1845. — (Fonds.) — Circulaire au sujet d'irrégularités
qui ont été remarquées sur les certificats comptables et qui font
obstacle au payement (*) [2].

6 juillet 1845. — (Fonds.) — Circulaire au sujet des quittances à
donner pour les dépenses du Matériel. (*)

21 octobre 1845. — (Fonds.) — Dépêche à Cherbourg sur l'exécution
des dispositions ordonnées par les circulaires des 21 novembre 1844
et 6 juillet 1845 relatives aux factures et aux signatures d'acquit (*).

29 janvier 1846. — (Ports.) — Circulaire au sujet des règles à

[1] VOIR la circulaire du 30 décembre 1847.
[2] VOIR la circulaire du 18 décembre 1856.

snivre pour l'application des mesures de rigueur inscrites dans les marchés (*).

10 mars 1847. — (Comptabilité et Contrôle central.) — Circulaire. — Les certificats comptables devront faire mention de la date des recettes pour la justification de l'exercice d'imputation [1].
(Recueil des circulaires de 1847, n° 51.)

30 mars 1847. — *Conditions générales* arrêtées pour la fourniture des munitions, des matières brutes et des objets ouvrés nécessaires au service de la Marine. — Instructions et modèles à l'appui.
(Circulaires de 1847, n° 80.)

12 avril 1847. — (Comptabilité et Contrôle central.) — Circulaire au sujet du remboursement des cautionnements en numéraire, réalisés dans les départements [2].
(Circulaires de 1847, n° 79.)

27 avril 1847. — (Ports.) — Circulaire. — Clause facultative à insérer dans les cahiers de charges des entreprises de travaux, relativement au remboursement du cautionnement, lorsque le montant des retenues du sixième en égalera le chiffre.
(Circulaires de 1847, n° 84 bis.)

8 mai 1847. — (Comptabilité et Contrôle central.) — Circulaire. — Instructions relatives aux payements d'à-compte pour les dépenses du Matériel (*) [3].

9 juin 1847. — (Services administratifs.) — Circulaire au sujet des conditions générales relatives aux marchés pour le service des troupes de la Marine. — L'obligation du double cautionnement ne sera plus imposée à l'avenir [4].
(Circulaires de 1847, n° 112.)

[1] Voir la circulaire du 3o décembre 1853.

[2] Voir la circulaire du 14 juillet 1853.

[3] Voir la circulaire du 3o décembre 1847.

[4] Voir la circulaire du 9 novembre 1847.

19 juin 1847. — (Services administratifs.) — Circulaire. — La conversion du dépôt en cautionnement définitif ne sera pas obligatoire pour les marchés à court terme.

(*Circulaires de 1847, n° 118.*)

25 juin 1847. — (Services administratifs.) — Circulaire. — Au sujet du mode à suivre pour l'envoi des certificats comptables concernant les dépenses payables à Paris.

(*Circulaires de 1847, n° 123.*)

6 septembre 1847. — (Services administratifs. — Comptabilité et Contrôle central.) — Circulaire. — Interprétation à donner aux dispositions concernant l'application des clauses de garantie pour l'exécution des marchés [1].

(*Circulaires de 1847, n° 167.*)

23 septembre 1847. — (Comptabilité et Contrôle central.) — Circulaire. — Réception des matières et des ouvrages. — Notification de modifications apportées à l'instruction générale du 15 janvier 1846 [2].

(*Circulaires de 1847, n° 181.*)

9 novembre 1847. — (Services administratifs.) — Circulaire. — Envoi d'instructions de détail pour l'exécution de l'ordonnance du 22 juin 1847 sur l'administration et la comptabilité des troupes de la Marine [3]. En annexe : 1° *Instruction du 8 novembre 1847* sur le mode à suivre tant pour la fourniture des objets nécessaires aux troupes de la Marine que pour la régularisation des dépenses qui y sont relatives. — Application à ce Service des conditions générales du 30 mars 1847. — 2° *Cahier des conditions générales*, arrêté à la date du 8 novembre 1847, pour la fourniture du chauffage aux troupe de la Marine stationnées en France.

(*Circulaires de 1847, n° 209.*)

[1] Voir la circulaire du 22 août 1848.

[2] Voir l'arrêté ministériel du 9 juillet 1852.

[3] Voir la circulaire du 18 décembre 1847.

23 novembre 1847. — (Services administratifs. — Comptabilité et Contrôle central.) — Circulaire. — Interprétation à donner à l'article 21 des conditions générales du 30 mars 1847.

(*Circulaires de 1847, n° 218.*)

29 novembre 1847. — (Comptabilité et Contrôle central.) — Circulaire au sujet des échantillons dont le Contrôle est dépositaire [1].

(*Circulaires de 1847, n° 222.*)

7 décembre 1847. — (Comptabilité et Contrôle central.) — Circulaire. — La date de la notification de l'approbation des marchés doit être certifiée par le Commissaire aux approvisionnements, sur les expéditions manuscrites du traité.

(*Circulaires de 1847, n° 229.*)

18 décembre 1847. — (Services administratifs.) — Circulaire. — Rectification à opérer dans la partie de l'instruction du 8 novembre 1847 relative à la fourniture du chauffage aux troupes de la Marine stationnées en France.

(*Circulaires de 1847, n° 235.*)

30 décembre 1847. — (Comptabilité et Contrôle central.) — Circulaire. — Extension des dispositions de la circulaire du 21 novembre 1844, touchant les factures, aux payements des dépenses du Matériel effectués dans les colonies [2].

(*Circulaires de 1847, n° 252.*)

8 janvier 1848. — (Services administratifs.) — Circulaire. — Dispositions à prendre pour renouveler les échantillons-types défectueux [3].

(*Bulletin officiel de la Marine, 1er semestre, page 17*).

[1] Voir la circulaire du 31 juillet 1848.

[2] Voir la circulaire du 15 décembre 1848.

[3] Voir la circulaire du 31 octobre 1850.

3 février 1848. — (Comptabilité et Contrôle central.) — Circu·
laire. — L'envoi, au commencement de chaque semestre, de l'état
des cautionnements saisis ne doit plus avoir lieu par suite des nouvelles dispositions insérées dans les conditions générales.

(*Bulletin officiel de la Marine*, 1ʳ semestre, page 77.)

14 février 1848. — (Services administratifs.) — Circulaire. —
Article spécial à introduire dans les traités relatifs aux achats d'ef·
fets de petit équipement.

(*Bulletin officiel de la Marine*, 1ʳ semestre; page 100.)

16 février 1848. — (Ports. — Services administratifs. — Comp·
tabilité et Contrôle central.) — Circulaire. — Dispositions relatives aux cessions qu'il y a lieu de faire aux constructeurs des machines pour le service de la Marine.

(*Bulletin officiel de la Marine*, 1ʳ semestre, page 116.)

29 février 1848. — Tarif pour la recette des mâtures dans les
ports [1].

(*Bulletin officiel de la Marine*, 1ʳ semestre, page 147.)

17 juillet 1848. — (Services administratifs.) — Circulaire. —
Nouveau mode à suivre à l'occasion des comptes rendus des marchés soumis à l'examen du Ministre.

(*Bulletin officiel de la Marine*, 2ᵉ semestre, page 18.)

31 juillet 1848. — (Invalides. — Contrôle central.) — Circulaire
au sujet des échantillons déposés au Contrôle [2].

(*Bulletin officiel de la Marine*, 2ᵉ semestre, page 87.)

9 août 1848. — (Contrôle central.) — Circulaire. — Rappel des

---

[1] Voir les circulaires des 14 août 1849, 12 décembre 1850, 24 avril 1851 et
29 octobre 1857.

[2] Voir la circulaire du 26 août 1848.

instructions antérieures au sujet de la conversion en cautionnement définitif des sommes versées à titre de dépôts provisoires.

(*Bulletin officiel de la Marine*, 2ᵉ semestre, page 101.)

16 août 1848. — (Services administratifs.) — Circulaire. — Les demandes de prorogation de marchés doivent être faites avant l'expiration des marchés [1].

(*Bulletin officiel de la Marine*, 2ᵉ semestre, page 107).

22 août 1848. — (Services administratifs. — Travaux.) — Circulaire. — Abrogation des dispositions de la circulaire du 6 septembre 1847. — Mise en vigueur des dispositions de la circulaire du 29 janvier 1846 conférant aux Conseils d'administration le droit d'exonérer les fournisseurs de la pénalité pour retard, lorsque les excuses paraissent valables, et réservant au Ministre le droit d'appliquer la pénalité lorsqu'elle est prononcée. — Adresser au Ministre les délibérations des Conseils d'administration relatives aux exonérations [2].

(*Bulletin officiel de la Marine*, 2ᵉ semestre, page 120.)

26 août 1848. — (Contrôle. — Services administratifs.) — Circulaire. — Demande d'un inventaire annuel des échantillons dont le Contrôle est dépositaire [3].

(*Bulletin officiel de la Marine*, 2ᵉ semestre, page 143).

12 septembre 1848. — (Contrôle central.) — Circulaire. — Nouvelles instructions confirmant celles contenues dans la circulaire du 31 juillet 1848, relativement aux échantillons dont le Contrôle est dépositaire [4].

(*Bulletin officiel de la Marine*, 2ᵉ semestre, page 193.)

[1] Voir la circulaire du 2 mai 1853.

[2] Voir la circulaire du 30 septembre 1848.

[3] Voir la circulaire du 12 septembre 1848.

[4] Voir la circulaire du 31 octobre 1850.

30 septembre 1848. —(Services administratifs.) — Circulaire. — Au sujet des extraits de délibérations des Conseils d'administration des ports qui doivent être annexés aux mandats de payement.

(*Bulletin officiel de la Marine*, 2ᵉ semestre, page 250.)

23 octobre 1848. — (Services administratifs.) — Circulaire. — Les adjudications pour fournitures à faire à la Marine doivent être annoncées au moins un mois à l'avance, sauf le cas d'urgence [1].

(*Bulletin officiel de la Marine*, 2ᵉ semestre, page 356.)

24 novembre 1848. — (Services administratifs.) — Circulaire.— Au sujet des indications qui doivent accompagner l'envoi des cahiers des charges soumis au Ministre [2].

(*Bulletin officiel de la Marine*, 2ᵉ semestre, page 571.)

15 décembre 1848. — (Services administratifs.) — Circulaire rappelant à l'exécution des règles relatives aux factures timbrées, qui accompagnent les certificats comptables pour fournitures de Matériel (*) [3].

31 décembre 1848. — (Services administratifs.) — Circulaire sur le nombre des affiches annonçant les adjudications à transmettre au Ministère.

(*Bulletin officiel de la Marine*, 2ᵉ semestre, page 613.)

4 janvier 1849. — (Services administratifs.) — Circulaire.— Dispositions à prendre pour que les certificats de mainlevée des cautionnements contiennent toutes les indications qu'ils comportent, notamment en ce qui concerne les caisses dans lesquelles les cautionnements ont été versés et la nature des valeurs composant le versement [4].

(*Bulletin officiel de la Marine*, 1ᵉʳ semestre, page 7.)

[1] Voir la circulaire du 6 novembre 1851.

[2] Voir la circulaire du 9 avril 1849.

[3] Voir les circulaires des 5 juillet 1851 et 30 juillet 1858.

[4] Voir la circulaire du 7 mai 1852.

8 janvier 1849. — (Services administratifs.) — Circulaire. — Les offres de rabais de 10 p. o/o doivent être faites sur papier timbré.
(*Bulletin officiel de la Marine,* 1ᵉʳ semestre, page 9.)

5 mars 1849. — (Contrôle central.) — Circulaire. — Simplification des formes à suivre pour la transmission des marchés [1].
(*Bulletin officiel de la Marine,* 1ᵉʳ semestre, page 125.)

26 mars 1849. — (Travaux.) — Circulaire sur le mode de constatation des travaux exécutés par les entrepreneurs.
(*Bulletin officiel de la Marine,* 1ᵉʳ semestre, page 181.)

30 mars 1849. — (Services administratifs.) — Circulaire. — Les cautionnements ne peuvent être faits en rentes au porteur.
(*Bulletin officiel de la Marine,* 1ᵉʳ semestre, page 186.)

9 avril 1849. — (Services administratifs.) — Circulaire. — Application des dispositions de la circulaire du 24 novembre 1848, sauf la spécialité des services, aux marchés de l'habillement et du casernement des troupes et des équipages [2].
(*Bulletin officiel de la Marine,* 1ᵉʳ semestre, page 221.)

23 avril 1849. — (Services administratifs.) — Circulaire. — Au sujet des frais d'affiches et d'annonces des adjudications passées par les Corps pour la fourniture des effets de petit équipement.
(*Bulletin officiel de la Marine,* 1ᵉʳ semestre, page 256.)

15 juin 1849. — (Services administratifs.) — Circulaire. — Dans les adjudications à extinction de feux, comme dans les réadjudications, il sera toujours allumé trois bougies.
(*Bulletin officiel de la Marine,* 1ᵉʳ semestre, page 345.)

20 juin 1849. — (Services administratifs.) — Circulaire. — Rap-

____

[1] Voir la circulaire du 7 février 1852.

[2] Voir la circulaire du 25 septembre 1851.

pel des dispositions de l'article 48 des conditions générales, qui interdit de tenir compte des fractions d'unité dans les pesées et mesurages.

(*Bulletin officiel de la Marine*, 1er semestre, page 347.)

14 août 1849. — (Services administratifs.) — Circulaire. — Rectification d'une erreur dans le tarif du 29 février 1848 pour la recette des mâtures.

(*Bulletin officiel de la Marine*, 2e semestre, page 493.)

30 septembre 1849. — (Services administratifs.) — Circulaire. — Au sujet de l'adoption de cahiers-types pour les conditions particulières relatives à la fourniture des principaux articles de l'approvisionnement [1].

(*Bulletin officiel de la Marine*, 2e semestre, page 635.)

27 novembre 1849. — (Travaux.) — Circulaire. — Mode à suivre pour la location des immeubles appartenant à la Marine.

(*Bulletin officiel de la Marine*, 2e semestre, page 801.)

22 décembre 1849. — (Services administratifs.) — Circulaire. — En vue d'accroître la concurrence, certaines fournitures du Service des *Subsistances* seront à l'avenir divisées en plusieurs lots. — Importance de chacun des lots [2].

(*Bulletin officiel de la Marine*, 2e semestre, page 859.)

5 janvier 1850. — (Services administratifs.) — Circulaire. — La disposition de l'article 48 des conditions générales, du 30 mars 1847, au sujet des fractions de pesées et de mesurages, ne s'applique qu'au payement [3].

(*Bulletin officiel de la Marine*, 1er semestre, page 6.)

[1] Voir la circulaire du 16 janvier 1850.

[2] Voir la circulaire du 22 mars 1859.

[3] Voir la circulaire du 1er février 1851.

16 janvier 1850. — (Services administratifs.) — Circulaire. — Les cahiers-types des conditions particulières doivent être revêtus de l'attache des Commissaires généraux ou Chefs de service de la Marine [1].

(*Bulletin officiel de la Marine*, 1ᵉʳ semestre, page 57.)

19 janvier 1850. — (Services administratifs. — Travaux.) — Circulaire. — Les marchés pourront être rédigés sur des imprimés ou papiers non timbrés. — Le droit de timbre sera acquitté simultanément avec le droit d'enregistrement, après l'approbation par le Ministre. (*Application à la Marine d'une décision du Ministre des finances, du 30 décembre 1831.*)

(*Bulletin officiel de la Marine*, 1ᵉʳ semestre, page 78.)

30 janvier 1850. — (Services administratifs.) — Circulaire. — Il ne doit être fait aucune addition ni rectification sur les expéditions des marchés, qu'elle ne soit approuvée par tous les signataires.

(*Bulletin officiel de la Marine*, 1ᵉʳ semestre, page 92.)

8 février 1850. — (Services administratifs.) — Circulaire. — Envoyer au Ministre, dans les cinq premiers jours de chaque mois, un état récapitulatif apprécié des commandes faites aux fournisseurs pour le Service de l'habillement et du casernement [2].

(*Bulletin officiel de la Marine*, 1ᵉʳ semestre, page 126.)

30 mars 1850. — (Services administratifs.) — Circulaire. — Mentionner, dans les contrats d'affrétement, tous les cas de relâche qui peuvent être prévus.

(*Bulletin officiel de la Marine*, 1ᵉʳ semestre, page 244.)

15 mai 1850. — (Loi de finances. — Recettes.) — Article 8. — Le moindre droit fixe d'enregistrement pour les actes civils et adminis-

[1] Voir la circulaire du 24 avril 1852.

[2] Voir la circulaire du 17 juillet 1851.

tratifs est fixé à deux francs, à l'exception du droit sur les certificats de vie et de résidence qui est maintenu au taux actuel.

(*Bulletin des Lois,* 10° série, n° 259, page 508.)

17 mai 1850. — Décret relatif à la fourniture des étoffes destinées à l'habillement des armées de terre et de mer.

(*Bulletin officiel de la Marine,* 1er semestre, page 391.)

2 septembre 1850. — (Services administratifs.) — Circulaire. — Au sujet du mode à suivre pour l'ouverture des offres de rabais devant donner lieu à réadjudication [1].

(*Bulletin officiel de la Marine,* 2° semestre, page 107.)

31 octobre 1850. — (Services administratifs.) — Circulaire. — Dispositions relatives au choix des échantillons-types pour les adjudications. — Les Commissions permanentes des marchés seront à l'avenir chargées de procéder à ce choix [2].

(*Bulletin officiel de la Marine,* 2° semestre, page 271.)

6 novembre 1850. — (Services administratifs.) — Circulaire. — Les expéditions authentiques des marchés doivent être signées par les membres des Commissions des marchés et par les adjudicataires.

(*Bulletin officiel de la Marine,* 2° semestre, page 289.)

20 novembre 1850. — (Services administratifs.) — Circulaire. — Dispositions relatives aux marchés dont les expéditions sont envoyées à Paris lorsque les résultats des adjudications ont déjà été approuvés.

(*Bulletin officiel de la Marine,* 2° semestre, page 341.)

23 novembre 1850. — (Services administratifs.) — Circulaire. — Rappel à l'exécution de l'instruction du 20 décembre 1844 pour la préparation des marchés.

(*Bulletin officiel de la Marine,* 2° semestre, page 344.)

[1] Voir la circulaire du 9 janvier 1851.

[2] Voir l'arrêté ministériel du 24 février 1853.

23 novembre 1850. — (Secrétariat général et Comptabilité. — Travaux.) — Circulaire. — Au sujet de l'exercice d'imputation des *retenues* dites *de garantie* (') [1].

7 décembre 1850. — (Secrétariat général et Comptabilité.) — Dépêche à Cherbourg. — Observations en réponse à celles adressées par le port, sur la circulaire relative à l'imputation des *retenues de garantie* (').

12 décembre 1850. — (Services administratifs.) — Circulaire.— Rectification d'une erreur dans le tarif du 29 février 1848 pour la recette des mâtures.
(*Bulletin officiel de la Marine*, 2ᵉ semestre, page 404.)

9 janvier 1851. — (Services administratifs.) — Circulaire. — Mode à suivre pour l'établissement des rabais successifs par suite de réadjudication de fournitures.
(*Bulletin officiel de la Marine*, 1ᵉʳ semestre, page 11.)

1ᵉʳ février 1851. — (Services administratifs.) — Circulaire. — L'article 48 des *conditions générales* arrêtées le 30 mars 1847 cessera d'être exécutoire.
(*Bulletin officiel de la Marine*, 1ᵉʳ semestre, page 51.)

14 mars 1851. — (Services administratifs.) — Circulaire au sujet de l'application du délai dit *mois de tolérance.*
(*Bulletin officiel de la Marine*, 1ᵉʳ semestre, page 230.)

10 avril 1851. — (Services administratifs.) — Circulaire.— Modifications aux cahiers des charges, en ce qui concerne la fixation de la durée du marché pour les fournitures à quantités fixes.
(*Bulletin officiel de la Marine*, 1ᵉʳ semestre, page 333.)

24 avril 1851. — (Services administratifs.) — Circulaire.— Rec-

[1] Voir la dépêche suivante.

tification d'une erreur dans le tarif du 29 février 1848 pour la recette des mâtures.

(*Bulletin officiel de la Marine*, 1er semestre, page 356.)

27 mai 1851. — (Services administratifs.) — Circulaire. — Formalités à remplir pour être admis à prendre part aux fournitures
de farines d'armement.

(*Bulletin officiel de la Marine*, 1er semestre, page 427.)

5 juillet 1851. — (Secrétariat général et Comptabilité.) — Circulaire. — Au sujet de la justification des ordonnances et mandats
pour dépenses du *Matériel* n'excédant pas dix francs.

(*Bulletin officiel de la Marine*, 2e semestre, page 2.)

17 juillet 1851. — (Services administratifs.) — Circulaire. — Invi-
tation d'adresser à l'avenir au Ministre les états des commandes aux
fournisseurs.

(*Bulletin officiel de la Marine*, 2e semestre, page 41.)

9 septembre 1851. — (Services administratifs.) — Circulaire. — Instruction sur l'application de l'article 45 des *conditions générales* du
30 mars 1847, pour les fournitures sur rapport d'assortiment [1].

(*Bulletin officiel de la Marine*, 2e semestre, page 159.)

25 septembre 1851. — (Services administratifs.) — Circulaire. —
Renseignements à insérer dans les rapports relatifs au renouvelle-
ment des marchés.

(*Bulletin officiel de la Marine*, 2e semestre, page 290.)

27 septembre 1851. — (Services administratifs.) — Circulaire. —
Les fournitures de blés, farines, sucres et cafés seront définitivement adjugées dans les ports par l'autorité locale sur des prix limites fixés préalablement par le Ministre [2].

(*Bulletin officiel de la Marine*, 2e semestre, page 272.)

[1] Voir la circulaire du 26 mai 1852.

[2] Voir la circulaire du 27 octobre 1852.

18 octobre 1851. — (Services administratifs.) — Circulaire. — Règles à suivre en cas de saisie d'un cautionnement [1].

(*Bulletin officiel de la Marine*, 2ᵉ semestre, page 342.)

6 novembre 1851. — (Services administratifs.) — Circulaire. — Sauf les cas exceptionnels, l'époque de l'adjudication sera détermi-·née de manière à être annoncée, dans les journaux de Paris, un mois à l'avance.

(*Bulletin officiel de la Marine*, 2ᵉ semestre, page 443.)

28 janvier 1852. — (Services administratifs.) — Circulaire. — La partie des cautionnements dont la saisie n'a pas été prononcée peut être rendue immédiatement aux ayants·droit.

(*Bulletin officiel de la Marine*, 1ᵉʳ semestre, page 67.)

7 février 1852. — (Services administratifs.)— Circulaire. — Indi·cation du nombre d'exemplaires imprimés des marchés à transmettre à Paris.

(*Bulletin officiel de la Marine*, 1ᵉʳ semestre, page 81.)

11 février 1852. — (Services administratifs.) — Circulaire. — Les conventions et actes additionnels aux marchés doivent être écrits sur feuilles séparées et soumis au timbre et à l'enregistrement comme les actes primitifs auxquels ils se rapportent.

(*Bulletin officiel de la Marine*, 1ᵉʳ semestre, page 124.)

20 mars 1852. — (Matériel.) — Circulaire. — Dispositions à in·sérer dans les cahiers des charges concernant les dépôts de garantie et les cautionnements.

(*Bulletin officiel de la Marine*, 1ᵉʳ semestre, page 320.)

19 avril 1852. — (Personnel. — Matériel.) — Circulaire. ·— Des délais de livraisons pourront être accordés, à l'avenir, aux fournis·seurs sans l'intervention du Ministre.

(*Bulletin officiel de la Marine*, 1ᵉʳ semestre, page 484.)

[1] Voir la circulaire du 18 janvier 1852.

24 avril 1852. — (Matériel. — Personnel.) — Circulaire. — Dispositions concernant la préparation et l'envoi à Paris des cahiers-types.

(*Bulletin officiel de la Marine,* 1ᵉʳ semestre, page 493.)

7 mai 1852. — (Contrôle central.) — Circulaire. — Rappel des dispositions relatives à la rédaction des certificats de mainlevée des cautionnements[1].

(*Bulletin officiel de la Marine,* 1ᵉʳ semestre, page 545.)

26 mai 1852. — (Personnel. — Matériel.) — Circulaire. — La tolérance de livraison prévue par l'article 45 des *conditions générales* doit s'appliquer à chaque contingent des fournitures ou à chaque commande prise isolément.

(*Bulletin officiel de la Marine,* 1ᵉʳ semestre, page 601.)

13 juin 1852. — (Matériel.) — Circulaire. — Payer en dehors de la fourniture les échantillons dont le dépôt est imposé aux adjudicataires des marchés.

(*Bulletin officiel de la Marine,* 1ᵉʳ semestre, page 665.)

9 juillet 1852. — Arrêté ministériel concernant le service des Commissions de recette et de visite de matières et d'objets dans les ports.

(*Bulletin officiel de la Marine,* 2ᵉ semestre, page 32.)

28 juillet 1852. — (Matériel.) — Circulaire. — Adoption de nouveaux tarifs de recette et de classement pour les bois de construction[2].

(*Bulletin officiel de la Marine,* 2ᵉ semestre, page 97.)

27 octobre 1852. — (Matériel.) — Circulaire. — Pouvoir donné à l'Autorité locale de rendre immédiatement exécutoires les mar-

[1] Voir l'arrêté ministériel du 24 février 1853.

[2] Voir la circulaire du 8 décembre 1852.

chés passés pour fournitures de céréales et denrées coloniales. — Instructions.

(*Bulletin officiel de la Marine*, 2ᵉ semestre, page 379.)

3 décembre 1852. — (Comptabilité générale.) — Circulaire. — Au sujet d'omissions commises dans la rédaction de connaissements relativement à la retenue de 3 p. o/o.

(*Bulletin officiel de la Marine*, 2ᵉ semestre, page 502.)

8 décembre 1852. — (Matériel.) — Circulaire. — Rectifications à apporter au tarif de recette des bois de chêne.

(*Bulletin officiel de la Marine*, 2ᵉ semestre, page 543.)

8 décembre 1852. — *Conditions générales* imposées aux entrepreneurs des travaux hydrauliques et bâtiments civils dans les établissements de la Marine [1].

(*Bulletin officiel de la Marine*, 2ᵉ semestre, page 544.)

16 février 1853. — Arrêté ministériel réglant les détails du service de l'Inspection de la Marine dans les ports, notamment en ce qui concerne le service des adjudications et des marchés [2].

(*Bulletin officiel de la Marine*, 1ᵉʳ semestre, page 122.)

24 février 1853. — Arrêté ministériel transférant à d'autres Services diverses fonctions précédemment attribuées au Contrôle de la Marine et dont l'Inspection est aujourd'hui dégagée.

(*Bulletin officiel de la Marine*, 1ᵉʳ semestre, page 154.)

2 mai 1853. — (Matériel.) — Circulaire. — Explications relatives à la prorogation des marchés.

(*Bulletin officiel de la Marine*, 1ᵉʳ semestre, page 348.)

23 mai 1853. — (Matériel.) — Circulaire. — Indications à in-

[1] Voir les nouvelles conditions générales du 29 juin 1857.

[2] Voir la circulaire du 21 septembre 1853.

sérer dans les cahiers des charges au sujet de la réalisation des cautionnements et de la remise des marchés imprimés.

(*Bulletin officiel de la Marine*, 1ᵉʳ semestre, page 457.)

4 juillet 1853. — (Matériel. — Personnel.) — Circulaire. — États
à envoyer mensuellement en ce qui concerne la réalisation et la res-
titution des cautionnements.

(*Bulletin officiel de la Marine*, 2ᵉ semestre, page 21.)

4 juillet 1853. — (Matériel.) — Circulaire. — Dispositions relatives à la transcription des marchés.

(*Bulletin officiel de la Marine*, 2ᵉ semestre, page 25.)

21 septembre 1853. — (Contrôle central.) — Circulaire. — Instructions relatives au *visa* préalable à donner par l'Inspection, en
ce qui touche les marchés ou contrats de toute nature.

(*Bulletin officiel de la Marine*, 2ᵉ semestre, page 629.)

22 octobre 1853. — (Matériel.) — Circulaire. — Dispositions relatives aux marchés à commandes.

(*Bulletin officiel de la Marine*, 2ᵉ semestre, page 774.)

16 novembre 1853. — (Matériel. — Personnel.) — Circulaire. —
Suppression du mode *d'achats* dit *sur convention*, que l'on doit remplacer, suivant le cas, par des achats *sur simple facture* ou par des
marchés dans la forme ordinaire.

(*Bulletin officiel de la Marine*, 2ᵉ semestre, page 845.)

22 décembre 1853. — (Matériel.) — Circulaire. — En cas de décès
du titulaire d'un marché, ses héritiers ou ayants cause sont tenus
de remplir les engagements qu'il a souscrits, à moins que le Ministre ne prononce la résiliation du marché.

(*Bulletin officiel de la Marine*, 2ᵉ semestre, page 940.)

30 décembre 1853. — (Comptabilité générale. — Matériel.) —
Circulaire. — Les certificats comptables doivent relater la date des

procès-verbaux de recette. — Le payement doit être imputé sur l'exercice pendant lequel les quantités ont été constatées.

(*Bulletin officiel de la Marine*, 2ᵉ semestre, page 954.)

1ᵉʳ octobre 1854. — Instruction générale sur la Comptabilité du Matériel dans les arsenaux de la Marine [1].

(*Bulletin officiel de la Marine*, volume spécial.)

21 novembre 1854. — Règlement ministériel. — Article 10. — Les marchés pour le service des lits militaires, en ce qui concerne les troupes de la Marine, sont passés d'après les règles générales en vigueur dans le Département de la Marine.

(*Bulletin officiel de la Marine*, 2ᵉ semestre, page 847.)

11 décembre 1854. — (Personnel. — Matériel.) — Circulaire. — Dispositions relatives à la mise à exécution provisoire des marchés, dans les cas d'urgence.

(*Bulletin officiel de la Marine*, 2ᵉ semestre, page 930.)

19 juillet 1855. — (Matériel. — Personnel.) — Circulaire. — Les fournisseurs ne doivent, en aucun cas, adresser directement des réclamations au Ministre, relativement à l'exécution de leurs marchés.

(*Bulletin officiel de la Marine*, page 501.)

2 avril 1856. — (Matériel.) — Circulaire. — Instruction explicative du nouveau cahier-type des conditions techniques pour la fourniture des appareils de navigation.

(*Bulletin officiel de la Marine*, page 321.)

19 avril 1856. — (Matériel.) — Circulaire. — Les contestations en matière de baux à loyer sont de la compétence des tribunaux ordinaires.

(*Bulletin officiel de la Marine*, page 348.)

---

[1] Voir le décret du 30 novembre 1857 et l'arrêté ministériel du 2 décembre de la même année.

18 décembre 1856. — (Comptabilité générale.) — Circulaire au sujet des dénominations à comprendre sur les pièces comptables et dans le libellé des mandats de payement.—Libellé spécial pour le payement des frets sur connaissements passés à ordre (') [1].

(*Bulletin officiel de la Marine*, page 1196.)

3 février 1857. — (Personnel. — Matériel. — Administration.) — Circulaire au sujet de la fixation des plus-values à répéter contre le cautionnement des fournisseurs.

(*Bulletin officiel de la Marine*, page 84.)

30 avril 1857. — (Comptabilité générale.) — Circulaire. — Explications complémentaires sur la forme de mandatement pour les connaissements.

(*Bulletin officiel de la Marine*, page 387.)

29 juin 1857. — *Conditions générales* imposées aux entrepreneurs des travaux hydrauliques et bâtiments civils dans les établissements de la Marine.

(*Bulletin officiel de la Marine*, page 563.)

24 juillet 1857. — (Matériel.) — Circulaire. — Envoi des nouvelles *conditions générales* des travaux hydrauliques.

(*Bulletin officiel de la Marine*, page 635.)

29 octobre 1857. — (Matériel.) — Circulaire. — Les mâts tronçonnés doivent être admis en recette pour toute leur longueur.

(*Bulletin officiel de la Marine*, page 932.)

30 novembre 1857. — Décret portant règlement sur la Comptabilité des matières appartenant au Département de la Marine et des Colonies [2].

(*Bulletin officiel de la Marine*, page 1031.)

[1] Voir les circulaires des 31 janvier 1845 et 30 avril 1857.

[2] Voir l'arrêté ministériel du 2 décembre 1857.

2 décembre 1857. — (Administration.) — Arrêté ministériel modificatif de l'Instruction générale du 1er octobre 1854 [1].
(*Bulletin officiel de la Marine*, page 1139.)

11 mars 1858. — (Comptabilité générale.) — Circulaire relative au mode de référence qui doit être adopté pour diverses pièces justificatives annexées aux mandats de payement (').

6 avril 1858. — (Administration. — Matériel. — Personnel.) — Circulaire. — Les numéros de nomenclature du Matériel doivent être exactement portés sur les marchés.
(*Bulletin officiel de la Marine*, page 252.)

20 avril 1858. — (Administration.) — Circulaire au sujet de la mention sur les certificats comptables des numéros d'inscription à l'inventaire des objets mobiliers.
(*Bulletin officiel de la Marine*, page 276.)

30 juillet 1858. — (Comptabilité générale.) — Circulaire. — Recommandations au sujet des quittances d'acquit à donner, par les entrepreneurs et fournisseurs, sur leurs factures ou mémoires timbrés, ou sur les mandats de payement (').

22 mars 1859. — (Administration.) — Circulaire au sujet de la division en lots de certaines fournitures du Service des Subsistances. — L'Administration locale appréciera les circonstances dans lesquelles on croira devoir proposer de s'écarter des dispositions de la circulaire du 22 décembre 1849.
(*Bulletin officiel de la Marine*, 1er semestre, page 155.)

18 juillet 1859. — (Matériel.) — Circulaire. — En vue d'achats éventuels de gré à gré, les procès-verbaux d'adjudication doivent indiquer le lieu de domicile des négociants et industriels qui se présentent aux adjudications, et le fait particulier qui a motivé, pour vice de forme, le rejet d'une soumission.
(*Bulletin officiel de la Marine*, 2e semestre, page 39.)

[1] Voir le titre COMPTES, pages 63 et 64 du MANUEL.

TITRE V.

DÉPENSES DE L'EXTÉRIEUR.

SERVICE DES TRAITES DE LA MARINE.

TITRE V.
DÉPENSES DE L'EXTÉRIEUR.

SERVICE DES TRAITES DE LA MARINE.

NOTE PRÉLIMINAIRE.

Les dépenses faites à *l'Extérieur,* soit pour les bâtiments en cours de campagne (*Solde, Hôpitaux, Vivres et Matériel*), soit pour la solde des troupes servant aux Colonies et pour divers services accessoires, tels que frais de rapatriement et autres, se régularisent en France au moyen de *traites* tirées sur le Trésor public par les bâtiments et les administrations coloniales, et, dans certains cas exceptionnels, par les Consuls [1].

Dans les temps antérieurs à 1814, c'est-à-dire avant la reprise de possession des Colonies, le Gouvernement ne considérait les *traites* que comme des *titres de créances à justifier*, et le résultat de ce principe avait été le discrédit jeté sur ce papier qu'on ne plaçait qu'avec beaucoup de peine et avec des pertes considérables [2].

Mais, en 1819, sous l'habile administration de M. le Baron Portal, un nouvel ordre de choses fut institué qui,

[1] Voir l'ordonnance du 7 novembre 1845 faisant suite à celle du 13 mai 1838. — Voir les instructions des 30 novembre 1845 et 31 mars 1849.

[2] De la Cour des comptes considérée dans ses rapports avec la Marine, etc. (LACOUDRAIS, — 1832).

donnant aux *traites*, dans les mains des porteurs, *le caractère monétaire*, garantissait, d'autre part, les intérêts respectifs de tous les services, en laissant entière la responsabilité des tireurs et en déterminant d'une façon claire et précise le mode de régularisation des dépenses. — L'instruction qui réglementa ce nouveau service porte la date du 28 octobre 1819, et depuis cette époque, grâce à la ponctualité des payements effectués par le Trésor public, le papier sur France, dans les Colonies, dans les Consulats, a été recherché de préférence au meilleur papier du Commerce.

Toutefois, à côté de ces importantes innovations, un mécanisme restait à trouver, qui, sans leur porter atteinte, satisfît aux observations, souvent reproduites, de la Cour des comptes, relativement aux moyens d'accélérer la justification des dépenses et d'assurer, de sa part, un contrôle plus efficace sur l'ensemble des opérations.

Il fut reconnu, en 1838, que, pour atteindre le but signalé, il était indispensable, d'une part, de retirer la *Comptabilité spéciale des traites de la Marine*, du compte de gestion du Payeur central des Ministères, où l'ordonnancement, au simple vu de la traite, la faisait entrer et confondre, bien que sans justification immédiate, avec les dépenses communes dûment justifiées, et, d'autre part, d'en faire à l'avenir la matière d'un compte distinct et séparé, qui serait produit annuellement à la Cour des comptes, avec toutes les pièces justificatives au soutien[1].

Tel fut l'objet de l'ordonnance du 13 mai 1838. — Aux termes de cette ordonnance, un *Agent comptable des traites de la Marine*, nommé par le Roi, sur la proposition du Mi-

____

[1] Rapport au Roi du 13 mai 1838.

nistre de la Marine, et avec l'agrément du Ministre des
Finances, est chargé, sans aucun maniement de fonds, de
revêtir d'un *Vu bon à payer* les traites acceptées par le Ministre, de prendre charge dans ses écritures du montant
de ces traites, d'en débiter les tireurs, de poursuivre près
des bureaux de la Marine la liquidation des dépenses faites,
et de dresser, à l'expiration du premier trimestre de
chaque année, le compte de ses opérations de l'année précédente, soumis à la double vérification des Ministères de
la Marine et des Finances et au jugement de la Cour des
comptes [1].

Après l'ordonnance du 13 mai 1838, nous devons mentionner plusieurs autres dispositions de détail, qui, sans
présenter la même importance, ont cependant introduit
de nouvelles améliorations dans cette essentielle partie de
la Comptabilité du Département de la Marine.

Nous citerons, d'abord, la circulaire du 22 avril 1841,
concertée entre les Ministères des Affaires étrangères et
de la Marine, et d'après laquelle, aux termes du principe
posé dans l'article 137 du règlement financier du 31 octobre 1840, les Chefs de légation, Consuls généraux et
Consuls ont été dispensés d'intervenir dans les opérations
relatives à l'acquittement des dépenses des bâtiments de
la flotte. — Cette circulaire disposait, en même temps,
que, dans les cas exceptionnels où le départ subit des bâtiments aurait mis les Conseils de bord dans l'impossibilité
absolue de régler et d'acquitter certaines dépenses, telles
que *frais de pilotage, loyers de bateaux* ou de *magasins*,
etc. les Consuls en comprendraient le montant dans leur

____

[1] Articles 5, 6 et 8 de l'ordonnance du 13 mai 1838.

propre comptabilité, avec les dépenses de *rapatriement* et les menus frais pour *ports de lettres*, et qu'ils en seraient remboursés, sur le vu des pièces, au moyen d'ordonnances directes délivrées à leur profit et payables entre les mains et sur l'acquit de leurs fondés de pouvoirs.

Nous citerons ensuite la circulaire du 20 octobre 1843 qui, pour obtenir une uniformité désirable dans la contexture des traites, comme aussi pour introduire de nouvelles garanties dans ce Service délicat et exceptionnel, a substitué aux traites manuscrites, précédemment en usage, des traites imprimées sur papier de sûreté et détachées d'un registre à souche, déposé dans les bureaux de la Comptabilité générale de la Marine [1].

[1] Il existe quatre catégories de *traites* :
1° Traites de bord,
2° Traites des Colonies,
3° Traites des Consuls,
4° Traites d'agents spéciaux.

TRAITES DE BORD.
A l'origine elles étaient manuscrites.
Ainsi que nous venons de l'expliquer, la circulaire du 20 octobre 1843 a substitué aux traites manuscrites des traites imprimées sur papier de sûreté et détachées d'un registre à souche déposé dans les bureaux de la Comptabilité générale de la Marine.
Les unes, *roses,* sont destinées au service des Escadres;
Les autres, *vertes,* aux bâtiments naviguant isolément.
Deux signatures sont exigées pour chacune de ces traites, savoir:
Celles du Commissaire d'escadre et du Commandant en chef;
Ou bien celles de l'officier d'administration et du Commandant.
L'ordonnance du 7 novembre 1845 exige une troisième signature pour les traites *vertes :* celle de l'officier chargé du détail. (*Modèle annexé à l'ordonnance,*) — Rien de changé pour les escadres.

TRAITES DES COLONIES.
Le premier modèle des traites coloniales est imprimé à la suite de l'instruction de M. le Baron PORTAL, du 28 octobre 1819; le modèle actuellement en usage fait suite à l'ordonnance du 13 mai 1838.

Nous citerons enfin, pour compléter cette analyse des principaux actes relatifs à l'apurement des dépenses de l'*Extérieur*, l'ordonnance du 7 novembre 1845, qui, indépendamment de la sanction donnée aux prescriptions de la circulaire du 22 avril 1841, relatives à l'exonération pour les Consuls du tirage des traites, a sensiblement amélioré deux points essentiels :

D'une part, en faisant intervenir dans l'opération délicate du tirage des traites, conjointement avec le commandant et le commis d'Administration du bâtiment, l'officier chargé du détail à bord [1];

D'autre part, en obligeant le Ministre de la Marine, au fur et à mesure de la présentation des traites, à réserver sur ses crédits la somme nécessaire pour l'imputation des

Ces traites sont imprimées sur les lieux et ne proviennent pas d'un registre à souche.

TRAITES DES CONSULS.

Les Consuls n'ayant plus qu'exceptionnellement la faculté d'émettre des traites, celles-ci sont manuscrites. — Le modèle se trouve à la suite de l'instruction ministérielle du 31 mars 1849.—Toutefois, certains Consuls (ceux de Londres, Cardiff, Dantzig et Manille) ayant, par suite d'ordres spéciaux, à émettre des traites en assez grand nombre, ont pris le parti de les faire imprimer.

TRAITES D'AGENTS SPÉCIAUX.

Lorsque des agents spéciaux, envoyés en missions extraordinaires, sont autorisés à tirer des traites, ils se servent du modèle concernant les *Escadres*. Des formules leur sont remises, sur reçu, à leur départ de France, par les soins de la Direction de la Comptabilité générale de la Marine où ils laissent, en outre, leur *signature-type*.

VOIR, en ce qui touche les *modèles* des pièces à produire pour la justification des dépenses payées à l'aide de ces différentes traites, savoir :

1° Pour les *traites de bord* et des *agents spéciaux*, l'ordonnance du 7 novembre 1845;

2° Pour les *traites des Colonies*, la circulaire du 31 août 1838;

3° Pour les *traites des Consuls*, la circulaire du 31 mars 1849.

[1] ARTICLE 8.

ordonnances de régularisation à délivrer, lors de l'arrivée des pièces justificatives, à la décharge de l'Agent comptable des traites, ou, pour mieux dire, à celle du Trésor public [1].

C'est également en vertu de cette ordonnance du 7 novembre 1845, que, conformément à l'article 14 du règlement des Affaires Étrangères du 28 mars 1832, il a été alloué aux Consuls, à titre de frais de recouvrement, pour les dépenses exceptionnelles qu'ils seraient conduits à faire, une bonification de deux pour cent sur les sommes dont ils auraient fait l'avance [2].

Nous ne devons pas omettre, en terminant, une circulaire du 6 juillet 1854 relative aux *fonds* dits *de prévoyance*, parce que cette circulaire déposerait une fois de plus, s'il en était besoin, de la persévérance avec laquelle le Département de la Marine a toujours poursuivi, dans cette grave question des dépenses de l'*Extérieur*, le double but d'assurer le Service et de sauvegarder les intérêts du Trésor.

Tous les règlements sur la matière, et particulièrement l'ordonnance du 13 mai 1838 [3], disposent qu'il ne peut être émis de traites que pour un *service fait*.

Il arrive cependant, en cours de campagne, que, devant relâcher sur certains points où il serait tout à fait impossible de négocier de semblables valeurs, les Commandants se trouvent quelquefois obligés de se procurer, à l'aide de traites, des *fonds de prévoyance* qu'ils embarquent en vue de cette éventualité.

[1] Article 2.

[2] Article 10.

[3] Article 2.

La circulaire du 6 juillet 1854 a pour objet de limiter aux cas les plus exceptionnels cet expédient regrettable, *contraire aux principes généraux, de nature à créer de nombreux embarras d'administration et de comptabilité, et à soulever de sérieuses questions de responsabilité personnelle.*

C'est peut-être ici le lieu de rappeler, en ce qui touche la dépense des bâtiments armés, — la plus considérable de celles qui se produisent à l'*Extérieur,* — l'ensemble des règles administratives applicables à ce Service.—Ces règles, généralement extraites des anciennes Ordonnances de la Marine et reproduites, en dernier lieu, dans les décrets des 15 août 1851 et 11 août 1856 [1], peuvent se résumer ainsi :

Dans toute réunion de bâtiments de guerre où flotte le pavillon d'un Officier général ou d'un Chef de Division, le service d'administration et de comptabilité est dirigé par un officier du Commissariat, lequel prend, selon le nombre et le rang de ces bâtiments, le titre temporaire de Commissaire d'armée, Commissaire d'escadre, Commissaire ou sous-commissaire de Division.

Le Commissaire d'escadre, avant le départ, constate l'effectif des équipages, s'assure de leur situation sous le rapport de la solde et de l'habillement, et prend connaissance de l'inventaire des bâtiments. Il fait, pendant la campagne, des revues générales ou partielles. Il se fait remettre fréquemment l'état de situation des équipages, des vivres et des munitions des divers bâtiments. Il se fait également

---

[1] 15 août 1851. — Décret sur le service à bord des bâtiments de la flotte.

11 août 1856. — Décret portant règlement sur la solde, les revues, l'administration et la comptabilité des équipages de la flotte.

remettre l'état des médicaments, rafraîchissements, et de tous objets destinés aux blessés et aux malades. Il veille à ce qu'il ne se fasse, sur aucun des bâtiments, aucune consommation irrégulière, et, en cas d'abus, il en rend compte au Commandant en chef. En Pays Étranger, il procède à la passation des marchés, et il en rédige les conditions. Il fait dresser toutes les pièces de comptabilité, et il y appose son visa. Il inspecte et vérifie les écritures tenues par les officiers d'administration sous ses ordres.

À bord de chacun des bâtiments de la flotte, l'administration est exercée par un Conseil. Les fonctions de comptable sont remplies par un officier du Commissariat de la Marine, qui prend le titre temporaire d'officier d'administration.

Toutefois, lorsque l'équipage réglementaire du bâtiment n'atteint pas quarante-cinq hommes, il n'est pas embarqué d'agent du Commissariat, et l'administration est alors exercée par l'officier commandant qui prend le titre de *capitaine comptable*.

Au départ d'un bâtiment, les états-majors et les surnuméraires embarqués reçoivent des *avances de solde* et de *traitement de table*, dans les proportions déterminées par les règlements sur le service de la solde.

Les Commandants d'escadres, de Divisions ou de bâtiments naviguant isolément, peuvent, dans les Colonies françaises ou dans les ports étrangers, faire payer aux officiers, marins et autres composant les équipages des bâtiments, des à-compte de solde dans la proportion déterminée par les règlements.

Il est expressément recommandé aux Conseils d'administration de bord de faire parvenir en France, par les occasions qui leur paraîtront les plus promptes et les plus sûres, et en deux expéditions, l'une destinée au Ministre, l'autre au port comptable, tous les états et renseignements relatifs aux payements effectués à l'*Extérieur*. Ils entretiennent, sur tous les faits essentiels de l'administration et de la comptabilité des équipages, une correspondance active avec le Commissaire aux armements qui, de son côté, les informe de tous les détails analogues qu'il serait utile de porter à leur connaissance.

A la fin de chaque année et à la fin de la campagne, il est établi une *feuille de journées* pour chaque bâtiment.

Cette feuille, dressée par l'officier d'administration, visée et certifiée par le Conseil de bord, doit être faite en double expédition dans les dix jours qui suivent les termes ci-dessus fixés.

On ne comprend dans les feuilles de journées que la solde et les diverses allocations qui s'y rattachent.

Ces feuilles, en cours de campagne, sont expédiées séparément par *primata* et *duplicata*, et on doit rechercher tous les moyens de les faire parvenir au port qui compte de la dépense du bâtiment.

Les Commandants demeurent personnellement responsables de ces transmissions, qui doivent être annotées en tête du rôle d'équipage et sur les journaux de bord, comme tous les autres envois des documents qui se rattachent à la Comptabilité.

Lorsque la feuille de journées, mentionnée dans l'article précédent, a été arrêtée, les Commandants en chef, Commissaires d'escadre ou de division, Conseils d'administration et capitaines comptables ne peuvent plus faire donner directement ni réclamer à l'*Extérieur* aucun nouvel à-compte sur l'année expirée.

Les à-compte ne peuvent plus porter que sur les sommes acquises pendant l'année courante.

Aussitôt que les feuilles de journées d'un bâtiment ont été vérifiées par le Commissaire aux armements du port qui compte de la dépense, le rôle d'équipage est décompté.

Le Commissaire aux armements fait dresser des états nominatifs indiquant les sommes qui restent dues à chacun des officiers, officiers-mariniers et marins absents. Il fait expédier par bâtiment, au nom du trésorier des Invalides, caissier des gens de mer, un mandat de la somme due à chaque équipage ; et le montant de ce mandat, appuyé desdits états nominatifs portant décompte, est versé à la *Caisse des gens de mer*, pour être remis, soit aux marins titulaires des créances, soit à leurs familles, dans leurs quartiers respectifs.

Après la vérification des feuilles de journées et la liquidation des rôles d'équipage, il est dressé annuellement, par bâtiment, une revue générale de cette liquidation.

Les *revues de liquidation*, après avoir été contre-vérifiées dans les bureaux du Ministère de la Marine, sont transmises à la Cour des comptes.

Après avoir indiqué, aussi succinctement que possible, les principaux actes qui régissent l'administration et la comptabilité des dépenses de l'*Extérieur*, nous devons signaler un point qui, par suite des changements survenus, présente en ce moment quelques incertitudes.

On a vu qu'aux termes de l'ordonnance du 7 novembre

1845, les Consuls se trouvaient exonérés du tirage des traites. Mais, en examinant avec soin cette ordonnance, on reconnaît que si elle a nettement établi le mode de régularisation des dépenses faites à l'*Extérieur*, par les bâtiments armés, elle n'a pas prévu le cas où, dans des circonstances exceptionnelles, les Consuls seraient appelés à faire, à leur tour, pour le compte du Service général de la Marine, des dépenses considérables qui ne pourraient être ni soldées, ni régularisées au moyen des *traites de bord*. — C'est ainsi que, dans ces derniers temps, par exemple, la Marine a dû entretenir successivement des dépôts de charbons sur plusieurs points, compléter des approvisionnements de bois, acheter des machines, etc.[1]

Or, il est évident que de semblables dépenses, s'élevant à plusieurs millions, ne pouvaient rentrer dans la catégorie des frais insignifiants de *pilotage* et de *ports de lettres* qu'aux termes de l'ordonnance de 1845 les Consuls doivent comprendre dans leurs propres comptes, pour en être remboursés en France, par ordonnancement direct, entre les mains de leurs fondés de pouvoirs.

Les Consuls ont donc tiré des traites conformément à

---

[1] Au mois d'avril 1860, le Département de la Marine, à l'occasion de l'Expédition de Chine, a dû noliser, pour la plupart à l'Étranger, un nombre considérable de bâtiments destinés au transport des hommes et du matériel.

Or, les navires ne s'affrètent aujourd'hui pour les longues navigations, particulièrement dans les pays étrangers, qu'à la condition du payement d'une avance de fret, au départ, qui est généralement de moitié du prix de location.

Et si les Consuls n'avaient pas pu tirer de traites pour ces dépenses exceptionnelles, le payement des avances, par toute autre voie, serait devenu bien difficile, et l'Expédition, qui commandait d'ailleurs une grande célérité, aurait certainement été compromise.

Les meilleurs principes financiers, quelque respectables qu'ils puissent être, ne sauraient aller jusque-là.

l'instruction spéciale du 31 mars 1849 qu'on trouvera plus loin, et qui n'est, à vrai dire, que la reproduction de l'article 137 du règlement financier du 31 octobre 1840 [1].

Nous croyons avoir fait connaître, dans son ensemble et dans ses principaux détails, le système de la Comptabilité des *dépenses de l'Extérieur*. Souvent controversé, quelquefois attaqué, ce système est toujours sorti victorieux de l'épreuve. Il a maintenant pour lui la consécration du temps, et grâce à l'initiative puissante du Ministre qui l'a fondé, grâce à la vigilance persévérante de l'Administration qui l'a successivement complété, il serait bien difficile, sinon impossible, de mettre à la place de ce qui existe quelque chose qui valût mieux. Le problème semble donc résolu.

Nous donnons, comme complément de la présente Note :

1° Un tableau récapitulatif faisant connaître l'importance croissante du *Service des traites de la Marine* depuis 1820;

2° L'indication sommaire des actes (règlements, décisions, circulaires, etc.), qui ont successivement réglementé ce Service jusqu'à ce jour. — On trouvera dans ce dernier document une nouvelle preuve de la sollicitude constante de l'Administration, pour défendre et perfectionner, depuis l'origine, c'est-à-dire depuis plus de quarante ans, cette partie si délicate de son Service.

---

[1] Voir, au MANUEL, sous le présent titre, la dépêche au Ministre des Finances, en date du 21 avril 1859.

1. — *Tableau des dépenses de l'Extérieur acquittées en traites, à partir de l'année 1820.*

EXERCICES.	TRAITES des Consuls et des Administrations coloniales.	OBSERVATIONS.
	fr. c.	
1820.	1,521,563 87	Les dépenses acquittées en traites, de 1820 à 1831, figurent dans les comptes sous ce titre : *Traites des Consuls et des Administrations coloniales.*
1821.	1,411,377 28	Jusqu'en 1841, les Consuls ont été chargés de l'émission des traites en acquittement des dépenses effectuées à l'Extérieur pour le service des bâtiments de guerre.
1822.	2,274,694 45	Dans les localités où il n'existait pas de Consul en titre, les autorités de bord ont pourvu elles-mêmes au payement de leurs dépenses au moyen de traites sur le Trésor. (Ordonnances de 1776 et du 13 mai 1838.)
1823.	2,700,128 25	
1824.	2,700,177 07	
1825.	3,203,806 16	
1826.	2,611,992 47	
1827.	2,569,414 05	A partir de 1841 (1er juillet), les Consuls ont été dispensés d'intervenir dans l'émission des traites, et ce soin a été dévolu presque exclusivement aux autorités de bord. (Circulaire du 22 avril 1841.)
1828.	3,139,145 35	
1829.	4,132,730 24	
1830.	3,015,322 29	
1831.	3,702,423 24	

	TRAITES				TOTAUX.	OBSERVATIONS.
	de bord.	des Colonies.	des Consuls.	d'agents spéciaux.		
	fr. c.	fr. c.	fr. c.	fr. c.	fr. c.	
1832.	266,456 75	1,426,063 50	2,274,523 50	»	3,967,043 75	»
1833.	480,410 09	1,527,353 35	1,035,189 32	»	3,012,901 76	
1834.	487,141 07	2,114,258 72	1,473,224 46	»	4,074,624 25	
1835.	421,188 57	1,816,095 59	2,110,580 03	»	4,377,873 70	
1836.	702,800 02	2,489,726 51	2,546,407 24	»	5,739,032 77	
1837.	950,201 64	2,422,300 77	3,410,753 13	»	6,783,315 54	
1838.	1,572,313 60	2,493,159 76	6,239,200 05	»	10,304,673 41	
1839.	2,117,597 64	2,609,422 19	6,635,440 22	»	11,362,460 05	
1840.	1,023,470 02	2,779,022 89	5,837,467 05	»	9,639,968 96	
1841.	2,434,643 57	3,087,785 49	2,410,225 52	»	7,932,654 58	
1842.	5,230,566 09	2,200,576 81	233,588 40	»	7,664,731 30	
1843.	6,191,004 57	2,680,300 80	239,002 85	»	9,111,307 22	
1844.	6,661,035 69	2,368,771 81	201,275 83	»	9,231,083 33	
1845.	6,343,327 28	2,200,341 04	161,373 27	»	8,705,041 59	
1846.	8,428,374 22	4,161,558 37	170,273 29	»	12,760,205 88	
1847.	10,180,511 78	3,178,144 02	189,363 08	»	13,548,020 38	
1848.	8,611,461 39	3,105,074 14	107,585 68	»	11,825,021 21	
1849.	7,449,313 35	3,402,346 52	73,106 37	»	10,924,766 24	
1850.	7,270,650 47	2,074,257 08	107,463 25	»	10,301,380 70	
1851.	7,107,150 52	2,084,621 50	204,955 88	174,778 70	9,601,416 60	
1852.	4,875,272 86	5,576,038 00	131,058 31	222,687 88	10,805,857 05	
1853.	6,759,720 32	6,250,264 47	362,955 02	170,476 94	13,552,425 75	L'augmentation des dépenses des Consuls, de 1853 à 1858, a été motivée par des achats spéciaux et extraordinaires effectués en pays étrangers, en vertu d'ordres du Ministre.
1854.	15,875,672 71	5,574,887 13	2,300,312 89	681,801 06	24,442,763 79	
1855.	14,577,205 13	6,115,247 31	7,060,513 81	6,488,113 52	31,247,109 77	
1856.	11,280,693 28	6,154,909 32	5,912,029 44	10,104,991 81	33,543,623 88	
1857.	9,259,206 70	6,465,010 13	2,256,286 81	85,836 43	18,090,340 07	
1858.	14,257,352 16	6,778,727 28	3,132,001 76	»	24,168,081 20	

2. — RELEVÉ DES ACTES RELATIFS À LA COMPTABILITÉ DES DÉPENSES DE L'EXTÉRIEUR ET AU SERVICE DES TRAITES DE LA MARINE.

NOTA. — Les actes marqués d'un ASTÉRISQUE sont ceux dont on trouvera plus loin le texte.

5 germinal an XII (26 mars 1804). — Arrêté relatif à la conduite, accordée aux gens de mer naviguant pour le Commerce [1].
(*Bulletin des lois*, 3ᵉ série, n° 3735, page 5.)

1ᵉʳ octobre 1814. — Précis sur les principales dispositions législatives et réglementaires relatives au service de la Marine, dont l'exécution concerne les Consuls.
(*Annales maritimes* de 1816, page 465.)

4 mars 1816. — Décision ministérielle sur les mesures relatives au payement des traites de l'*Extérieur.* — Centralisation par la Division des fonds, avec le concours des Divisions administratives, de l'apurement des dépenses payées au moyen des traites [2].

31 mars 1818. — (Fonds.) — Circulaire rappelant les instructions précédentes sur la classification des dépenses par chapitre et le mode de tirage des traites.
(*Annales maritimes* de 1818, page 133.)

15 juillet 1818. —(Fonds.)—Circulaire sur la nécessité d'indiquer, en marge des traites, la somme respective des différents chapitres sur lesquels porte la dépense dont ces effets sont l'objet, afin de dé-

[1] Voir l'ordonnance du 12 mai 1836 et le décret du 7 avril 1860.

[2] Voir la note du 7 novembre 1845.

terminer les imputations de payement, lorsque les pièces justificatives ne sont pas encore parvenues.

(*Annales maritimes* de 1818, page 3o3.)

24 *septembre 1818*. — (Fonds.) — Circulaire portant nouvelles
instructions sur le tirage des traites.

24 *décembre 1818*. — (Fonds.) — Circulaire sur le mode de justification des dépenses faites à l'*Extérieur*.

(*Annales maritimes* de 1818, page 585.)

29 *janvier 1819*. — (Fonds et Invalides.) — Circulaire. — Dispositions à faire pour assurer le recouvrement des sommes payées
par les Consuls pour le compte des armateurs et marins naviguant
pour le Commerce, et dont le montant ne doit pas rester à la charge
de l'État.

(*Annales maritimes* de 1819, page 98.)

28 *octobre 1819*. — Instruction sur le mode de régularisation
des avances que se font réciproquement la Métropole et les Colonies.

(*Annales maritimes* de 1820, page 181.)

21 *septembre 1821*. — (Fonds et Invalides.) — Circulaire sur le
service des Consuls, comme suppléant les administrateurs de la
Marine. — Instructions et modèles à l'appui.

(*Annales maritimes* de 1821, page 5o8.)

1er *avril 1822*. — (Fonds.) — Circulaire aux Consuls. — Envoi
de la Nomenclature des dépenses de la Marine, pour servir à la
classification de celles effectuées par les Consuls concernant le service de ce Département.

(*Annales maritimes* de 1822, page 341.)

6 *décembre 1822*. — (Fonds.) — Circulaire sur la simplification
des formalités relatives au payement des traites tirées sur le Payeur

principal, en acquit des dépenses d'outre-mer. — Ces traites, présentées à la Marine pour le visa d'acceptation, seront remises aussitôt après aux porteurs; et, pour en recevoir ensuite le montant, il suffira de les envoyer au Trésor le jour de l'échéance.

(*Annales maritimes* de 1822, page 661.)

9 juin 1823. — (Comptabilité.) — Ordre de service sur les formalités à remplir dans la Direction comptable pour les traites présentées au visa d'acceptation.

20 juin 1823. — (Fonds et Invalides.) — Circulaire aux Consuls. — Envoi de l'ordonnance du 14 septembre 1822 sur la Comptabilité publique et de documents à l'appui. — Rappel à l'exécution et notification de quelques autres dispositions relatives à la justification des dépenses consulaires.

23 octobre 1824. — (Fonds.) — Circulaire aux Consuls. — Dispositions relatives au versement des excédants de recette dont les Consuls se trouvent reliquataires. — Dans les payements de solde et accessoires de la solde à faire aux officiers ou marins embarqués, la piastre doit être invariablement donnée aux hommes pour sa valeur intrinsèque, soit 5 fr. 37 cent. [1] — Explications sur d'autres objets relatifs au service qui leur est confié [2].

13 décembre 1825. — (Fonds et Invalides.) — Circulaire aux Consuls sur les à-compte de solde et de traitement de table à payer dans les Consulats.

21 juillet 1826. — (Fonds.) — Circulaire aux Intendants et Commissaires généraux de la Marine. — Instructions sur la comptabilité des bâtiments qui résident dans des ports étrangers où il n'y a point de Consuls ou d'agents français. — Désignation du comptable sur lequel les traites doivent être émises. — On rappelle que, dans les

[1] Voir la circulaire du 21 juillet 1826.

[2] Voir la circulaire du 19 mai 1848.

payements de la solde et de ses accessoires, la piastre doit être invariablement donnée aux parties prenantes pour 5 fr. 37 cent. sa valeur intrinsèque.

21 juillet 1826. — (Fonds.) — Circulaire aux Consuls. — Désignation du comptable sur lequel les traites doivent être émises. — Indications à inscrire sur ces traites. — Soin qu'il faut apporter dans le classement des dépenses par exercice et par chapitre. — — Observations sur divers objets.

8 juin 1827. — (Fonds.) — Circulaire aux Consuls. — Envoi d'une Nomenclature des pièces à produire, en exécution de l'article 10 de l'ordonnance du 14 septembre 1822 à l'appui des mandats délivrés pour le payement des dépenses de la Marine et des Colonies.

26 juin 1829. — (Fonds et Invalides.) — Lettre au Premier Président de la Cour des comptes, sur la Comptabilité des dépenses de l'*Extérieur.* — Réponse à des observations sur le mode d'ordonnancement de celles de ces dépenses qui sont acquittées au moyen de traites.

30 octobre 1829. —Règlement sur le Service financier des Colonies.
(*Annales maritimes* de 1829, tome Ier, page 105.)

28 mars 1832. — (Affaires Étrangères.) — Règlement royal pour les frais de service des Agents politiques et consulaires [1],

15 octobre 1833. — (Fonds.) — Circulaire portant instruction sur l'ensemble des dépenses d'outre-mer. — Dépenses relatives au Service des Colonies proprement dit. — Avances faites au Service *Marine* dans les Colonies. — Dépenses relatives au service *Marine* faites dans les Consulats. — Dépenses effectuées dans les ports

[1] Voir le règlement du 20 septembre 1838.

étrangers où il n'existe pas de Consuls, et soldées en *traites de bord.*
— Avances de la Marine à d'autres Départements.

(*Annales maritimes* de 1835, page 894.)

7 novembre 1833. — Ordonnance sur les fonctions des Consuls dans leurs rapports avec la Marine militaire.

(*Annales maritimes* de 1833, page 517.)

11 mars 1834. — (Fonds.) — Circulaire sur les fonctions comptables des Consuls, vice-consuls et agents consulaires.

(*Annales maritimes* de 1835, page 901.)

21 octobre 1834. — (Fonds.) — Circulaire sur le service des commis d'administration embarqués, dans leurs rapports avec les Consulats.

25 septembre 1835. — (Fonds.) — Circulaire portant que les élèves consuls, les vice-consuls et les chanceliers ne sont point autorisés à émettre des traites sur le Trésor, en acquit de dépenses de la Marine.

(*Annales maritimes* de 1835, page 906.)

12 mai 1836. — Ordonnance relative au rapatriement des hommes de mer naufragés ou délaissés en pays étranger [1].

(*Annales maritimes* de 1836, page 540.)

4 octobre 1836. — (Fonds.) — Circulaire portant qu'il doit être pourvu, par *traites de bord,* à l'acquittement des dépenses dans les localités où il n'y a pas de chefs de légation, de Consuls généraux ou titulaires.

(*Annales maritimes* de 1836, page 1080.)

22 août 1837. — Règlement sur le service financier des Colonies.
(Imprimerie royale, 1837.)

____

[1] Voir le décret du 7 avril 1860.

17 octobre 1837. — (Fonds et Invalides.) — Circulaire. — Les bâtiments du Commerce français ne sont tenus de recevoir à leur bord, sur l'ordre de l'autorité consulaire, les marins disgraciés à rapatrier, qu'à raison de deux hommes par cent tonneaux [1].

(*Annales maritimes* de 1837, page 1001.)

28 novembre 1837. — (Personnel et Fonds.) — Circulaire contenant des instructions sur le tirage des *traites de bord* [2].

(*Annales maritimes* de 1837, page 1116.)

27 février 1838. — Circulaire prescrivant d'adresser, au départ de tout bâtiment expéditionnaire, la signature-type, dûment légalisée, du Commandant et du commis d'administration [3].

13 mai 1838. — Ordonnance concernant les traites tirées sur le Trésor public pour l'acquittement des dépenses de la Marine faites dans les Colonies et dans les ports étrangers (').

(*Bulletin des lois*, 9ᵉ série, n° 578, page 813.)

(*Annales maritimes* de *1838*, page 569.)

26 juin 1838. — (Fonds.) — Dépêche adressée à M. le Chef du service de la Marine, à Bordeaux. — L'ordonnance royale du 12 mai 1836, sur le rapatriement des marins, n'est pas applicable aux marins provenant des bâtiments de guerre [4].

(*Annales maritimes* de 1838, page 667.)

21 juillet 1838. — (Fonds et Invalides.) — Circulaire. — Envoi d'un modèle d'état à employer pour communications de port à port, et relatif à la dépense des bâtiments armés [5].

[1] Modifié par le décret du 7 avril 1860. — Voir la note de la page 497 du Manuel.

[2] Voir la circulaire du 20 octobre 1843.

[3] Voir la circulaire du 6 novembre 1839.

[4] Disposition modifiée par le décret du 7 avril 1860.

[5] Voir la Circulaire du 21 juin 1855.

31 août 1838. — (Fonds.) — Instructions et modèles pour l'exécution de l'ordonnance du 13 mai, touchant les dépenses de la Marine acquittées avec des traites (').

20 septembre 1838. — (Affaires Étrangères.) — Règlement général concernant les frais de service des agences politiques et consulaires.

23 juillet 1839. — Circulaire faisant envoi d'un nombre assorti d'imprimés, pour servir à l'exécution de l'ordonnance du 13 mai 1838.

6 novembre 1839. — Circulaire rappelant celle du 27 février 1838 relative à l'envoi, lors du départ des bâtiments expéditionnaires, de la signature-type des Commandants et des commis d'administration.

10 août 1840. — (Personnel. — Fonds.) — Circulaire. — Classification de la dépense relative aux achats de tabac et de savon à délivrer aux équipages, en cours de campagne.

1840..... — (Comptabilité.) — Note sur l'article 13 de l'ordonnance du 4 décembre 1836, relative aux *marchés* [1] et portant que ladite ordonnance n'est pas applicable aux marchés passés aux Colonies ou hors du territoire français [2].

22 avril 1841. — (Fonds et Invalides.) — Circulaire sur l'article 137 du règlement du 31 octobre 1840 concerté entre les Ministres des Affaires Étrangères et de la Marine, et d'après lequel les chefs de légation, Consuls généraux et Consuls peuvent être dispensés

[1] Voir le titre ORDONNANCEMENT, — page 347 du MANUEL.

[2] L'instruction du 30 novembre 1845 recommande néanmoins de recourir, à l'Extérieur, aux adjudications publiques, toutes les fois que la chose est possible.

d'intervenir dans les opérations relatives à l'acquittement des dépenses des bâtiments de la flotte (*) [1].

1er avril 1843. — (Affaires Étrangères.) — Circulaire sur les frais de service des agents politiques et consulaires.

20 octobre 1843. — (Fonds et Invalides.) — Circulaire sur le mode de confection des *traites de bord.* — Comment les formules de ces traites sont remises aux bâtiments, conservées à bord et rendues au retour (*).

16 avril 1844. — (Fonds.) — Lettre au Premier Président de la Cour des comptes. — Réponse aux observations contenues dans le référé du 31 janvier 1844, sur la comptabilité des traites de la Marine.

19 juin 1844. — Instructions à M. le contre-Amiral commandant la station de l'Océanie et des côtes occidentales d'Amérique, sur la comptabilité de la Division navale placée sous son commandement.

17 juillet 1844. — Lettre à M. le contre-Amiral commandant la station de l'Océanie et des côtes occidentales d'Amérique, sur la juridiction administrative du Commissaire de la Division navale placée sous son commandement.

16 mars 1845. — (Fonds.) — Lettre au Premier Président de la Cour des comptes, en réponse à la communication de la Cour, sur la gestion 1843 de l'agent comptable des traites de la Marine.

28 mars 1845. — (Comptabilité.) — Note au sous-Secrétaire d'État, sur l'insuffisance de garantie dans le mode d'acceptation des traites par les bureaux du Ministère de la Marine. — Amélioration proposée. — Un agent du Contrôle vérifierait et paraferait chaque

[1] Voir la circulaire du 31 mars 1849, et la lettre du 21 avril 1859 au Ministre des Finances.

jour les enregistrements tenus au bureau des dépenses d'outre-mer pour l'acceptation des traites. — L'agent comptable tiendrait, ainsi que cela se fait déjà au bureau des dépenses d'outre-mer, un enregistrement spécial par tireur.

31 mars 1845. — (Fonds.) — Lettre à M. le Gouverneur de la Martinique, relative aux payements effectués à titre *d'opérations de trésorerie*, à défaut de crédits de délégation. — A partir de 1846, il ne sera plus fait de remise de crédit pour les dépenses du service *Marine*. — La Colonie se remboursera par des traites.

11 avril 1845. — (Contrôle central.) — Avis favorable du Contrôle sur le mode proposé par le Chef de la Division des fonds, dans la Note du 28 mars 1845.

7 novembre 1845. — (Comptabilité.) — Note au Contrôle sur le mode de régularisation des dépenses de l'*Extérieur*. — Rappel de la décision du 4 mars 1816 chargeant la Division des fonds de centraliser les rapports d'apurement des dépenses de l'*Extérieur*, en se concertant préalablement avec les Divisions administratives du Ministère.

7 et 30 novembre 1845. — (Comptabilité.) — Ordonnance royale faisant suite à celle du 13 mai 1838 sur le Service des traites de la Marine. — Nouvelles instructions à ce sujet. — Collection de modèles à l'appui (') [1].

15 décembre 1845. — (Comptabilité.) — Dépêche au Ministre des Finances, sur la mise à exécution de l'ordonnance du 7 novembre 1845 relative au Service des traites.

27 janvier 1846. — (Comptabilité.) — Dépêche au Ministre des

[1] Voir la circulaire du 20 août 1853.

Finances. — Conformément à la proposition contenue dans la dépêche du Ministre des Finances en date du 22 janvier 1846, et relative à l'exécution de l'ordonnance du 7 novembre 1845, les bordereaux signalétiques des traites acceptées, fournis tous les dix jours au Ministère des Finances, présenteront, dans un cadre récapitulatif, l'imputation desdites traites par chapitre du budget (*).

25 novembre 1847. — (Comptabilité.) — Réponse à des observations du Contrôle sur les dispositions en vigueur pour le rapatriement des marins du commerce naufragés.

16 mars 1848. — (Comptabilité.) — Circulaire au sujet de recettes effectuées dans les Colonies, au crédit du compte *avances au service Marine*, et admises en atténuation des dépenses remboursables en traites, contrairement aux règles sur la matière (*).

19 mai 1848. — (Comptabilité. — Invalides.) — Circulaire. — Modification des dispositions de la circulaire du 23 octobre 1824, en ce qui touche l'imputation des salaires des équipages naufragés dans les liquidations de sauvetage (*).

20 juin 1848. — (Comptabilité générale.) — Circulaire sur la ponctualité apportée par le Trésor public dans l'acquittement des traites émises à l'*Extérieur* pour le service des bâtiments de la flotte.
(*Bulletin officiel de la Marine*, 1ᵉʳ semestre, page 315.)

31 mars 1849. — (Secrétariat général et Comptabilité.) — Instruction relative à la comptabilité des agents diplomatiques et consulaires, en ce qui concerne le service *Marine*. — Tirages exceptionnels de traites. — Extrait de la *Nomenclature* des dépenses du Département, portant indication de la nature des pièces à produire à l'appui des payements effectués (*) [1].

(1) Voir la lettre du 21 avril 1859 au Ministre des Finances.

31 janvier 1850. — (Comptabilité.) — Réponse à de nouvelles observations du Contrôle sur le mode de régularisation des dépenses de l'*Extérieur.*

16 février 1850. — (Comptabilité.) — Note au Ministre sur la discussion avec le Contrôle, relativement au mode d'apurement des dépenses payées à l'aide des traites.

21 septembre 1850. — (Services administratifs. — Secrétariat général et Comptabilité.) — Circulaire. — Rappel aux prescriptions de l'article 221 de l'ordonnance du 11 octobre 1836 [1], qui interdit tout payement d'à-compte de solde aux bâtiments armés, après l'envoi de la feuille de journées [2].

(*Bulletin officiel de la Marine*, 2ᵉ semestre, page 150.)

18 juillet 1851. — (Comptabilité. — Directions administratives.) — Circulaire. — Il ne sera plus délégué de crédits aux Colonies, pour les dépenses du chapitre 17 (Frais de passage, etc.). — Les dépenses seront payées en traites.

23 septembre 1851. — (Comptabilité. — Directions administratives.) — Circulaire. — A l'avenir, toutes les dépenses faites aux Colonies, et imputables sur les chapitres du service *Marine*, seront avancées par le Trésor colonial et remboursées au moyen de traites émises conformément à l'instruction du 28 octobre 1819 (').

25 mars 1852. — (Comptabilité.) — Dépêche au Commandant de la stat'on navale des Antilles. — La valeur intrinsèque de l'once d'or est fixée à 82 francs 72 cent. — Cette monnaie sera donnée à ce taux dans les payements de la solde et des accessoires de la solde.

---

[1] ORDONNANCE sur l'organisation générale des équipages de ligne.

[2] VOIR, en outre, les articles 345 et 349 du décret du 11 août 1856, sur la solde les revues, l'administration et la comptabilité des équipages de la flotte.

3 février 1853. — (Comptabilité générale.) — Circulaire. — Les états de payement à l'*Extérieur,* que les Conseils d'administration de bord transmettent aux ports d'armement, ne doivent offrir aucune différence avec ceux transmis à Paris, à l'appui des émissions de traites[1].

(*Bulletin officiel de la Marine,* 1ᵉʳ semestre, page 112.)

17 mars 1853. — (Comptabilité générale.) — Dépêche au Procureur général de la Cour des comptes. — Sur une injonction de la Cour portant rejet de divers articles de dépenses compris dans le compte de l'agent comptable des traites de la Marine.

20 août 1853. — (Comptabilité générale.) — Circulaire faisant envoi d'une nouvelle édition de l'instruction du 30 novembre 1845, relative aux dépenses acquittées au moyen de *traites de bord* [2].

6 juillet 1854. — (Comptabilité générale.) — Circulaire. — Recommandation expresse de n'embarquer des *fonds de prévoyance* à bord des bâtiments en cours de campagne, que dans les cas de la plus absolue nécessité et lorsqu'il est impossible d'acquitter directement, à l'aide de traites, les dépenses effectuées (*).

23 novembre 1854. — (Comptabilité générale. — Personnel.) — Circulaire. — Les traites des trésoriers coloniaux, employées à la transmission des fonds de masse des troupes stationnées aux Colonies, sont affranchies de la formalité du *timbre,* par application de l'article 2 de l'ordonnance du 10 octobre 1834 (*) [3].

21 juin 1855. — (Comptabilité.) — Circulaire. — Observations

----

[1] Voir le décret du 11 août 1856. — Voir la dépêche du 10 novembre 1859 au Commissaire d'escadre en Chine.

[2] Cette circulaire imprimée n'a pas été insérée au *Bulletin officiel de la Marine.*

[3] Voir la circulaire du 27 janvier 1859.

sur le mode à suivre pour la rédaction des états de payement des dépenses des bâtiments armés, à communiquer de port à port, conformément à la circulaire du 21 juillet 1838.

(*Bulletin officiel de la Marine*, page 376.)

6 septembre 1855. — (Comptabilité.) — Réponse à un référé du 22 août 1855, sur le compte de l'agent comptable des traites de la Marine. — L'élévation des soldes restant à régulariser à la clôture de chaque *gestion* s'explique naturellement par l'élévation des dépenses. — Il n'existe aucun arriéré dans la liquidation des dépenses par *exercice*. — L'agent comptable des traites doit être maintenu dans les attributions du Ministre de la Marine.

4 octobre 1855. — (Comptabilité.) — Envoi au Ministre des Finances de la réponse faite au référé de la Cour des comptes, en date du 22 août 1855.

8 juillet 1858. — (Commission des dépenses métropolitaines aux Colonies.) — Transmission au Ministre de la Marine du travail de la Commission, sur le mode de payement des dépenses, par suite de la création d'un Ministère spécial de l'Algérie et des Colonies.

30 juillet 1858. — (Comptabilité générale.) — Circulaire. — Au sujet de l'acquittement, dans les Colonies, des dépenses du Service *Marine*. — Les Ordonnateurs des Colonies restent chargés de pourvoir à l'acquittement des dépenses relatives au service des troupes et à celui de la flotte. — Ces dépenses sont régularisées en France. — Recommandations spéciales (').

27 janvier 1859. — (Comptabilité générale.) — Circulaire. — Les traites tirées sur le caissier payeur central du Trésor public, pour l'acquittement des dépenses à la charge de la Marine, sont exonérées du droit du *timbre* (').

21 avril 1859. — (Comptabilité générale.) — Lettre au Ministre des Finances. — Réponse à des observations présentées sur l'intervention des Consuls dans les opérations relatives à l'acquittement, en traites, de dépenses faites pour le Service de la Marine. — Explications relatives à l'ordonnance du 7 novembre 1845, sur le Service des traites à la mer (').

20 mai 1859. — (Comptabilité générale.) — Instructions spéciales relatives à l'acquittement des dépenses de la Marine, à Gênes, pendant la guerre d'Italie (').

6 et 11 juin 1859. — (Comptabilité générale.) — Dépêches relatives à l'acquittement des dépenses de la Marine, dans l'Adriatique, pendant la guerre d'Italie.

16 et 17 juin 1859. — (Comptabilité générale.) — Dépêches relatives aux dispositions à prendre pour assurer le service financier de la flottille intérieure de l'Italie.

10 novembre 1859. — (Comptabilité générale.) — Instructions au Commissaire d'escadre en Chine, pour le tirage des traites et la régularisation des dépenses de l'Expédition (').

18 novembre 1859. — (Comptabilité générale.) — Lettre au Ministre des Finances sur le taux auquel la piastre est donnée dans la Marine. — Négociation des traites en Chine (').

7 avril 1860. — Décret sur le rapatriement et les conduites de retour des gens de mer [1].
(*Bulletin officiel de la Marine,* 1ᵉʳ semestre, page 341.)

10 avril 1860. — (Administration.) — Circulaire portant notification du décret du 7 du même mois.
(*Bulletin officiel de la Marine,* 1ᵉʳ semestre, page 334.)

---

[1] Intervenu depuis la composition du présent MANUEL.

TITRE VI.

EXERCICES CLOS ET PÉRIMÉS.

TITRE VI.

EXERCICES CLOS ET PÉRIMÉS.

NOTE PRÉLIMINAIRE.

L'origine des *Exercices clos et périmés* remonte aux principes posés par l'ordonnance royale du 14 septembre 1822, sur la Comptabilité publique. Les règles introduites par cette ordonnance ont été reprises et développées depuis dans la plupart des lois de finances.

Avant l'ordonnance du 14 septembre 1822, la clôture de l'exercice était seulement subordonnée à l'extinction complète des dépenses; elle était, par le fait, indéterminée. — Par l'ordonnance du 14 septembre, les opérations financières de l'exercice eurent un terme fixe de liquidation et de clôture. De là, l'obligation de reporter sur les exercices courants le fardeau dont se trouvait dégagé l'exercice clos. De là encore, l'obligation de poser des règles et des limites pour ces reports, qui, dans le principe, ont jeté quelque confusion dans les comptes des Ministères.

Après avoir passé par bien des essais, tant pour régler la faculté d'ordonnancer les dépenses des exercices clos et périmés, que pour déterminer le mode de payement de ces créances, la législation paraît avoir atteint le terme du possible; mais si les règles établies sont conservatrices des droits du Trésor, il faut reconnaître, d'une autre part, qu'il en résulte d'assez grandes complications pour les Ministeres ordonnateurs.

Nous devons rappeler, à l'occasion des dépenses d'exercices clos, la mesure prise par la Marine, en 1847, en ce qui touche les *rappels de solde*.

Aux termes de l'article 9 de la loi du 8 juillet 1837, les rappels de solde payables sur revues et portant sur des exercices expirés, peuvent être provisoirement imputés, sauf régularisation ultérieure, sur les crédits de l'exercice courant, au fur et à mesure de la constatation du droit des créanciers, et sans être soumis aux règles qui régissent la comptabilité spéciale des exercices clos.

Le règlement financier du 31 octobre 1840 n'avait point fait mention de cette faculté, qui était restée comme non avenue pour le Département de la Marine. — Ainsi, lorsque les bâtiments revenaient de la mer, et que le décomptage des rôles faisait ressortir au crédit des hommes embarqués des sommes qui n'avaient pas été comprises dans les *Restes à payer* de l'exercice expiré, le payement de ces créances demeurait soumis à toutes les prescriptions relatives aux exercices clos. Il en résultait fréquemment des retards préjudiciables aux intérêts des officiers et des équipages, et par suite des réclamations et des plaintes que l'Administration a dû faire examiner.

A la suite de cet examen, il a été reconnu que, malgré le silence du règlement financier, le Département de la Marine pouvait être autorisé à profiter de l'exception admise par la loi du 8 juillet 1837.

En conséquence, par une circulaire du 30 septembre

1847, dont nous donnons ailleurs le texte [1], des instructions ont été adressées aux ports, à l'effet de faire acquitter les rappels de solde sur les fonds de l'exercice courant et sous les réserves établies par la loi.

Nous publions, sous le présent titre, les prescriptions essentielles, applicables à tous les Ministères, et nous y avons joint les instructions spéciales émanées du Ministère de la Marine. On trouvera notamment, parmi ces actes, sous la date du 20 avril 1843, une circulaire où sont analysées les différentes catégories dans lesquelles peuvent se trouver placées, par suite des règles sur la matière, les créances appartenant aux *Exercices clos et périmés.*

[1] Voir le titre ORDONNANCEMENT. — S 3. Dépenses du Personnel. — Page 232 du MANUEL.

TITRE VII.

OPPOSITIONS, SAISIES-ARRÊTS, ETC.

TITRE VII.

OPPOSITIONS, SAISIES-ARRÊTS, ETC.

NOTE PRÉLIMINAIRE.

Les règles applicables en matière d'oppositions sont disséminées dans un nombre considérable de lois, de décrets et de circulaires ministérielles. Il était assez difficile de retrouver, au milieu de ces prescriptions diverses, celles que la législation nouvelle avait maintenues. C'est ce qu'a fait avec succès, sous la date du 27 août 1845, une instruction du Ministère des Finances dont nous donnons plus loin quelques extraits, en ce qui touche plus spécialement les affaires de la Marine. — Voici comment cette instruction définit d'abord le principe :

« La saisie-arrêt ou opposition est un acte que la loi autorise (ar
« ticle 557 du Code de procédure civile) et par lequel un créancier
« arrête dans les mains d'un tiers les sommes dues à son débiteur,
« et empêche que ce tiers ne s'en dessaisisse, jusqu'à ce qu'on lui
« rapporte mainlevée de l'opposition, ou que le saisissant ait fait or
« donner par justice que les deniers qu'il a arrêtés lui seront remis
« en déduction de sa créance.

« Cet acte oblige le tiers saisi auquel il est signifié. Il ne pourrait
« passer outre sans porter préjudice au saisissant, et chacun est res
« ponsable du dommage qu'il a causé, non-seulement par son fait,
« mais encore par sa négligence ou par son imprudence. (Art. 1383
« du Code civil.)

« Ces règles du droit commun sont applicables au Trésor public,

« et, en principe général, les sommes dues aux créanciers de l'État
« peuvent être saisies-arrêtées en totalité entre les mains des comp-
« tables chargés d'effectuer les payements.

« Toutefois, l'intérêt des Services publics et l'impossibilité d'as-
« treindre l'Administration aux mêmes formes de procédure que les
« particuliers, ont fait établir un droit exceptionnel qui détermine la
« valeur et les effets des oppositions mises au payement des sommes
« dues par l'État, limite leur durée, précise leur forme et règle le
« mode de leur réception, de leur conservation et de leur main-
« levée.

« Le principe de la saisissabilité a lui-même reçu des modifications
« importantes, notamment en ce qui concerne les travaux publics, les
« traitements, les pensions, les secours; et ces exceptions, dont l'Ad-
« ministration est appelée à faire elle-même et directement l'applica-
« tion, la mettent dans la nécessité d'apprécier la valeur des opposi-
« tions qui lui sont signifiées, appréciation souvent délicate et qui
« engage toujours sa responsabilité. »

Après cette définition si claire et si précise, nous aurions pu nous borner à donner quelques extraits de l'Instruction du Ministère des Finances; mais fidèle au plan que
nous nous sommes tracé, nous avons voulu reproduire,
ici comme ailleurs, non-seulement les anciennes prescriptions restées en vigueur, mais encore celles qui, conservées
pour le fond, avaient subi de légères modifications dans
la forme. — Il ne saurait être sans intérêt de pouvoir
distinguer ainsi, parmi tant de règles, celles que le temps
et l'expérience ont consacrées.

TITRE VIII.

VIREMENTS.

TITRE VIII.

VIREMENTS.

NOTE PRÉLIMINAIRE.

Les opérations de comptabilité désignées sous le titre de *virements* sont de deux espèces.

Elles s'appliquent, d'une part, au redressement des erreurs d'imputations commises lors de l'expédition des ordonnances ou mandats de payement;

Et, d'autre part, à la régularisation des *cessions* que se font entre eux les divers Services de la Marine [1].

Les virements, par suite de fausses imputations, sont réglementés par deux circulaires des 1er novembre 1829 et 21 mai 1845, qui servent encore aujourd'hui de règle et dont nous donnons plus loin le texte. — Ces opérations n'ont jamais suscité d'embarras à l'Administration.

Quant aux virements résultant de *cessions*, la chose est moins simple.

Longuement controversée, à plusieurs reprises, entre le Département de la Marine et la Cour des comptes, cette question a même occupé, en 1851, la Commission d'Enquête parlementaire [2].

---

[1] Voir au titre Dispositions diverses, § 1er. — *Avances aux divers Ministères,* — la réglementation spéciale du mode de remboursement de ces avances, au moyen d'ordonnances dites *de virement de comptes.*

Voir, en outre, au présent titre, sur le même sujet, la circulaire du 22 juillet 1847.

[2] Voir le rapport de M. Hernoux, page 446 du 1er volume de l'*Enquête.*

Expliquons d'abord les *cessions* elles-mêmes ; nous parlerons ensuite des modes successivement établis pour régulariser ces opérations, regrettables sans doute au point de vue de la complication des écritures, mais indispensables dans un Service tel que celui de la Marine, où de la rapidité de l'action dépend le plus souvent le succès des mesures à prendre.

Voici ce que nous trouvons à ce sujet dans une Note qui remonte à 1847 :

« Il ne suffit pas de vouloir supprimer les *cessions*; il « faut encore le pouvoir.

« De tout temps, les Fonderies de la Marine, malgré les « exigences de la Comptabilité, fondront des canons pour « le Département de la Guerre, comme, de tout temps, les « Manufactures d'armes de la Guerre fourniront des armes « au Département de la Marine.

« De tout temps, nos Arsenaux mettront leurs maga-« sins, garnis aux dépens du chapitre 10, à la disposi-« tion du service des *Colonies,* qui remboursera, sur le « chapitre 23, les cessions qui lui seront faites.

« De tout temps, pour simplifier dans les Arsenaux les « frais généraux, on s'efforcera de restreindre le nombre « des ateliers, et on demandera à ces ateliers de travailler « à la fois pour le compte de plusieurs Services. Il en ré-« sulte que le charpentage des *constructions navales,* par « exemple, fera des canots pour le compte des *travaux* « *hydrauliques,* et les *travaux hydrauliques* des réparations « pour le compte du chapitre des *constructions navales.*

« De là des cessions obligatoires. C'est une nécessité qu'il « faut subir et que la Cour, dans sa sagesse, devrait accep-

« ter, en reconnaissant à la fois la difficulté de réglementer
« ce service et les efforts déjà faits pour y parvenir.

« Tout ce que l'Administration peut faire, et ce qu'elle
« fait, c'est de rendre le mode de remboursement aussi
« clair et aussi satisfaisant que possible. »

Ceci bien établi, nous arrivons aux divers modes successivement adoptés pour la régularisation des *cessions*.

Il n'existait de règles nettement tracées, à cet égard, ni dans l'instruction du 1er janvier 1824 faisant suite à l'ordonnance du 14 septembre 1822, ni dans le règlement financier du 31 octobre 1840. — On trouve seulement dans ce dernier règlement, sous le n° 26, un modèle d'état à transmettre, par les ports, pour les opérations de ce genre. Encore faut-il remarquer que, dans la pratique, la forme de cet état a été singulièrement modifiée.

D'où venait donc cette ai ente lacune dans les prescriptions réglementaires? ᴄ'est que les *cessions* de chapitre à chapitre, dont il a été peut-être fait un trop fréquent usage, n'avaient été considérées par les auteurs des règlements de Comptabilité, que comme des mesures exceptionnelles qui ne devaient prendre aucune extension.

Voici, en effet, ce que M. Boursaint disait de ces opérations, dans une Note du 12 juin 1833 :

« Je conçois que, dans certains cas assez rares, et pour
« assurer des besoins non moins urgents qu'indispen-
« sables, on puisse être obligé de recourir aux cessions de
« chapitre à chapitre. Mais dans toutes les circonstances or-
« dinaires, il est tout aussi facile et beaucoup plus régulier
« de pourvoir aux besoins qui ont pu être prévus à l'a-
« vance, soit par les ressources qu'offrent les marchés en
« cours d'exécution, soit par des marchés spéciaux, lors-

« qu'il n'en existe pas pour les objets à fournir. A ce
« moyen, le Service auquel les fournitures sont faites, en
« acquitte directement le prix sur son propre crédit, et
« l'opération très-simple, parfaitement sincère, est par là
« même préférable à toute autre combinaison.

« Pour les cas où l'on aurait été forcé de recourir aux
« ressources d'un autre Service, et qui, je le répète, de-
« vront se présenter rarement, on ne saurait regarder le
« mode de remboursement comme une chose indifférente.
« Le bon ordre veut que les objets cédés soient remplacés,
« en même nature et quantité, dans les magasins du Ser-
« vice prêteur; et tout se régularise par l'imputation sur le
« crédit du Service emprunteur, de la dépense à laquelle le
« remplacement a donné lieu. » (*Manuel financier de 1847,*
page 324.)

Certes, ramenées à des termes si vrais et si simples, les
cessions de chapitre à chapitre n'auraient jeté aucune per-
turbation dans les écritures comptables; mais, à l'exécution, les choses se sont quelquefois passées de toute autre
manière. La dépêche ministérielle suivante en fera foi :

22 juin 1839. — « Les remboursements ne sont pas
« une affaire de convenance, mais bien une disposition
« d'ordre qu'il faut exécuter rigoureusement pour obéir
« aux règles de la spécialité, et empêcher que des Services
« n'obtiennent des ressources étrangères aux crédits légis-
« latifs qui leur sont affectés.

« Ainsi l'on n'aurait pas dû avoir égard à la considéra-
« tion que le Service de l'Artillerie était suffisamment ap-
« provisionné des matières que le chapitre 9 aurait payées
« à sa décharge; et il fallait faire le remboursement, quoi
« qu'il en dût arriver.

« L'état que vous m'avez envoyé donne lieu à une autre
« observation. Après avoir détaillé les ouvrages faits par la
« Direction d'Artillerie pour la Direction des Travaux hy-
« drauliques, il porte en déduction des ouvrages faits et
« des objets cédés par la Direction des Travaux hydrau-
« liques au profit de celle de l'Artillerie.

« Ces compensations sont inadmissibles et elles ont plu-
« sieurs fois provoqué de sévères critiques de la Cour des
« comptes ; la Direction d'Artillerie devait se libérer envers
« celle des Travaux hydrauliques, par des imputations
« d'objets semblables ou analogues, faites sur le chapitre 7,
« *Artillerie* (ports), à la décharge du chapitre 9, *Travaux*
« *hydrauliques.*

« Des balais, de la chaux, une échelle double, ne peuvent
« pas régulièrement venir en atténuation d'une dette con-
« tractée pour des objets en fonte de cuivre et de fer. Ce
« sont deux cessions en sens inverse qui n'avaient rien de
« commun entre elles, et qui appelaient chacune une liqui-
« dation particulière de remboursement. » (*Manuel financier
de 1847*, page 325.)

Pour prévenir le retour d'irrégularités semblables à
celles que signalait cette dépêche, comme aussi pour
maintenir une concordance plus entière entre les budgets
et les comptes distribués aux Chambres, l'Administration,
abandonnant le mode de régularisation qui consistait à
imputer directement sur les crédits du Service emprunteur
des fournitures égales à la valeur des objets cédés, adopta
de nouvelles dispositions dans une circulaire du 22 juillet
1847, dont nous donnons plus loin le texte et que l'on
peut considérer comme l'acte le plus complet qui ait été
produit sur la matière.

D'après cette circulaire, le nouveau mode de régularisation des *cessions* ressemblait tout à fait à celui des *virements de compte* adoptés pour les remboursements de Ministère à Ministère : Au moyen d'opérations d'ordre, portant à la fois sur les *dépenses* et sur les *payements*, le montant des cessions était déduit de tous les termes financiers du compte du Service *cédant* et reporté au compte du Service *cessionnaire*.

Ce mode compliquait sans doute les écritures ; mais il avait des avantages incontestables pour l'étude des comptes et des budgets. Il était d'ailleurs calqué, comme nous venons de le dire, sur celui que l'on observait alors et que l'on observe encore aujourd'hui, pour la régularisation des cessions de Ministère à Ministère.

Cependant, en 1854, dans le but de simplifier les écritures, et se fondant sur ce qu'aux termes du sénatus-consulte du 25 décembre 1852 la spécialité législative des crédits par *chapitre* n'existait plus, le Ministère des Finances émit l'avis qu'on ne devait plus opérer sur les *dépenses*, mais sur les *crédits* seulement, la régularisation des cessions réciproquement faites entre les divers Services.

Le Ministère de la Marine, tout en reconnaissant que le système proposé était en effet plus simple, pensait, au contraire, que l'ancien mode de régularisation des *cessions* devait être maintenu, attendu que, malgré la suppression de la spécialité législative des chapitres, les comptes d'exercice devaient continuer à être dressés par *chapitre*, avec toutes les subdivisions administratives du budget (art. 11 de la loi du 24 avril 1833), et que le nouveau mode conduirait infailliblement à rendre impossibles les comparaisons de détail entre le budget et le compte, puisque les Services *emprunteurs* apparaîtraient avec des dépenses réduites au-dessous de celles qu'ils auraient réellement occasionnées, tandis que les Services *prêteurs* sembleraient avoir employé des sommes supérieures aux dépenses qu'ils auraient réellement faites [1].

Le Ministère de la Marine dut céder devant l'insistance et l'autorité du Ministère des Finances en pareille matière, et à partir de 1855, — en vertu d'une circulaire du 11 janvier, reproduite ci-après, — les *cessions* de chapitre à chapitre, précédemment régularisées au moyen de virements de *dépenses*, ne sont plus remboursées qu'au moyen de virements de *crédits*.

Nous ne reviendrons pas sur une discussion qui sortirait de notre rôle et du plan que nous nous sommes tracé. Nous exprimons seulement un regret sur l'abandon d'un système qui, bien que compliqué dans la forme, avait, encore une fois, l'incontestable avantage de faciliter entre les *budgets* et les *comptes* des rapprochements de détail qui ne peuvent plus avoir lieu que sur l'ensemble.

Nous devons dire, au surplus, en terminant, que la Commission chargée de la révision de l'ordonnance du 31 mai 1838, sur la Comptabilité publique, s'est préoccupée de la question, et que, suivant toute apparence, le résultat de ce nouvel examen sera l'adoption d'un moyen terme qui consistera dans la reprise du mode de l'ordonnancement direct du Service *cédant* sur le Service *cessionnaire*.

Ainsi que nous l'avons fait pour plusieurs autres titres, nous donnons, à la suite de la présente Note, l'indication

[1] Dépêches des Finances des 6 et 29 mai et 31 juillet 1854. — Dépêches de la Marine des 11 mai, 15 juin et 17 août 1854.

sommaire des actes qui se rattachent à la comptabilité des *cessions*. Les documents marqués d'un *astérisque* sont ceux dont nous reproduisons le texte [1].

[1] Nous n'avons rien dit dans la présente *Note* des *Virements de crédits* autorisés, sous certaines réserves, par le Sénatus-consulte du 25 décembre 1852. — Voir, pour cette nature d'opérations, la *Note préliminaire* du titre BUDGETS, — pages 8 et 9, — et le titre CRÉDITS SUPPLÉMENTAIRES ET EXTRAORDINAIRES, — pages 43 à 45 du MANUEL.

30 septembre 1829. — (Finances.) — Circulaire aux Payeurs. — ..... — 2° Notification d'une décision ministérielle relative aux changements d'imputation qui doivent avoir lieu sur des payements effectués.

1ᵉʳ novembre 1829. — (Marine.) — Circulaire faisant envoi de celle qui précède. — Explications relatives aux virements (*).

28 novembre 1829. — (Marine.) — Lettre au Ministre des Finances. — Nouvelles explications au sujet de virements portant presque exclusivement sur les dépenses de l'*Extérieur*.

12 juin 1833. — (Note de la Direction de la Comptabilité.) — Sur les remboursements d'avances et de cessions de chapitre à chapitre. — Imputation directe de mandats sur le crédit du Service emprunteur, mais pour des objets parfaitement identiques.

20 mai 1844. — (Note de la Direction des Ports.) — Le mode actuellement suivi pour la régularisation des cessions paraît devoir être maintenu.

21 mai 1845. — (Fonds.) — Circulaire. — Sur les opérations à passer dans les écritures par suite de virements (*).

15 janvier 1846. — Instruction sur la Comptabilité des matières. — Articles 87, 88 et 89, relatifs à des cessions à des particuliers, et 402, 403 et 404, relatifs aux cessions de chapitre à chapitre[1].

[1] Voir l'instruction du 1ᵉʳ octobre 1854.

29 mars 1847. — (Comptabilité.) — Circulaire relative aux cessions faites, par exception à la règle, à des particuliers (*).

4 mai 1847. — (Ports.) — Circulaire portant qu'il ne doit être
fait de cessions à des Services étrangers à la Marine que lorsqu'elles
ont été autorisées par le Ministre, ou, en cas d'urgence, par le Pré-
fet maritime, qui doit en rendre immédiatement compte au Ministre.

22 juillet 1847. — (Comptabilité.) — Circulaire. — Instructions
générales relatives au mode de remboursement des cessions. —
Cessions de chapitre à chapitre. — Cessions faites par la Marine à
d'autres Départements ministériels. — Cessions à des particuliers (*).

4 novembre 1848. — (Comptabilité.) — Instructions complémentaires sur le mode à suivre pour les virements par suite de fausse
imputation de dépenses (*).

22 décembre 1849. — (Comptabilité.) — Lettre au Ministre des
Finances. — Réponse à des observations contre les cessions. —
Commencement de dissidence entre les deux Départements. — La
Marine propose de déférer la question à une Commission mixte
présidée par un Officier général de la Marine.

12 janvier 1850. — (Comptabilité.) — Lettre au Ministre des
Finances. — Suite de la controverse sur les cessions. — Nouvelle
proposition de soumettre la question à une Commission spéciale.

Juin 1851. — Éclaircissements en réponse au rapport de la Cour
des comptes sur le compte de l'exercice 1848. — *Cessions.*

6 mai 1854. — (Finances.) — Lettre relative à la préparation
des comptes d'exercice. — Première ouverture d'un système qui
consisterait à régulariser les cessions de chapitre à chapitre sur les
crédits seulement, laissant de côté les *dépenses.*

11 mai 1854. — (Marine. — Comptabilité.) — Réponse à la lettre précédente. — Observations et demande d'explications sur le nouveau système proposé.

29 mai 1854. — (Finances.) — Développements du système sommairement indiqué dans la lettre du 6 mai. — On insiste pour que la régularisation des cessions ne porte plus sur les *dépenses*, sur les *crédits* seulement.

15 juin 1854. — (Marine. — Comptabilité.) — Objections contre ce système, qui tend à fausser les termes respectifs des budgets et des comptes.

31 juillet 1854. — (Finances.) — Le Ministre des Finances insiste pour l'adoption du système qu'il a proposé. — Il pense que la Marine se place trop au point de vue administratif, et pas assez au point de vue financier.

17 août 1854. — (Marine. — Comptabilité.) — Le Département de la Marine ne croit pas devoir insister davantage. — Il se conformera au mode indiqué par les Finances.

1er octobre 1854. — Instruction sur la comptabilité des matières. — Articles 141 à 144, relatifs à des cessions à des particuliers, et 594 à 598, relatifs aux cessions de chapitre à chapitre.

11 janvier 1855. — (Comptabilité générale.) — Circulaire. — A partir de 1855, les cessions de chapitre à chapitre, précédemment régularisées au moyen de virements de *dépenses*, seront remboursées au moyen de virements de *crédits*. — Ces remboursements ne seront plus notifiés aux ports ; les écritures centrales seules en feront mention (*).

26 septembre 1855. — Décret sur le régime financier des Colonies. — Articles 8, 10, 30, 31 et 79, relatifs aux opérations d'ordre résultant des cessions et reversements du Service colonial (*).

1855. — Éclaircissements en réponse au rapport de la Cour des comptes sur le compte de l'exercice 1852. — *Cessions, etc.*

29 mai 1858. — (Matériel. — Comptabilité.) — Circulaire. — Les chapitres, auxquels des cessions sont faites par d'autres chapitres, doivent en réserver le montant sur leur dotation (*).

9 septembre 1858. — (Comptabilité.) — Circulaire. — Les pièces relatives aux cessions de matières effectuées de chapitre à chapitre seront, à l'avenir, envoyées à Paris, par semestre seulement, au lieu de l'être, comme précédemment, par trimestre et par mois (*).

22 novembre 1858. — (Directions administratives. — Comptabilité.) — Circulaire. — Mesures ayant pour objet de restituer, en temps opportun, aux chapitres cédants le montant des crédits représentant les cessions faites (*).

8 mars 1859. — (Administration.) — Circulaire. — Exception à la règle tracée par la circulaire du 22 novembre 1858, sur les cessions de chapitre à chapitre (*).

TITRE IX.

DISPOSITIONS DIVERSES.

TITRE IX.

DISPOSITIONS DIVERSES.

Le titre *Dispositions diverses* renferme onze subdivisions :

§ 1ᵉʳ. — *Avances aux divers Ministères.*
§ 2. — *Conflits et affaires contentieuses.*
§ 3. — *Envois de fonds par les bâtiments de l'État.*
§ 4. — *Expropriation pour cause d'utilité publique.*
§ 5. — *Logements.*
§ 6. — *Responsabilité des Ordonnateurs.*
§ 7. — *Reversements de fonds.*
§ 8. — *Services régis par économie.*
§ 9. — *Timbre.*
§ 10. — *Travaux.*
§ 11. — *Ventes d'objets hors de service.*

Nous avons placé quelques notes explicatives en tête des principales subdivisions du présent *Titre*.

§ 2. — CONFLITS ET AFFAIRES CONTENTIEUSES.

NOTE PRÉLIMINAIRE.

Il existe, dans les Archives de la Direction de la Comptabilité générale, sous la date du 7 juillet 1820, une lettre de M. le Garde des sceaux de Serre, dans laquelle se trouve le passage suivant :

« Le Conseil d'État, sauf l'approbation du Roi, juge en dernier res-
« sort les affaires contentieuses administratives, et prononce comme
« tribunal de cassation sur les décisions du Conseil des prises ; quand
« il existe, et les arrêts de la Cour des comptes. Il est le sommet de
« l'ordre judiciaire administratif. Aucun recours n'est ouvert contre
« ses décisions, lorsqu'elles sont transformées en ordonnances
« royales. On ne peut dès lors se pourvoir contre elles qu'en atta-
« quant la responsabilité du Ministre qui les a contre-signées. »

Ce qui était vrai à cette époque l'est encore aujourd'hui. Aux termes de l'article 50 de la Constitution du 14 janvier 1852 et des articles 1 et 17 du décret organique du Conseil d'État, en date du 25 du même mois, ce Conseil est toujours chargé de résoudre les difficultés qui s'élèvent en matière d'administration, et de proposer les décrets qui statuent sur les conflits d'attributions entre l'Autorité administrative et l'Autorité judiciaire.

En parcourant les actes principaux que nous relatons ci-après, sous le présent titre, et parmi lesquels se classe la Constitution de l'an VIII, on remarquera qu'aux termes de celle du 4 novembre 1848 (articles 89 et 90), les *conflits* avaient été déférés à un tribunal spécial composé de membres de la Cour de cassation et de Conseillers d'État.

Nous ne pousserons pas plus loin l'analyse de cette grave question. Nous devions nous borner à l'indiquer dans un ouvrage qui ne saurait dépasser les modestes proportions d'un simple *Manuel financier*. — On trouvera, d'ailleurs, dans le *Dictionnaire d'administration*, publié en 1849 (*pages 483 et 484*), les développements désirables, non-seulement sur la question générale des *conflits*, mais encore sur celle des faits spéciaux qui se rattachent à l'Administration de la Marine.

§ 4. EXPROPRIATION POUR CAUSE D'UTILITÉ PUBLIQUE.

NOTE PRÉLIMINAIRE

La Nomenclature des dépenses de la Marine ne prévoit pas le cas d'expropriation forcée pour cause d'utilité publique. Lorsque ce cas se présente, on doit suivre les règles tracées par la loi du 3 mai 1841, et les justifications à mettre au soutien des ordonnances et mandats sont les mêmes que celles déterminées en pareil cas par le règlement sur la Comptabilité des dépenses du Ministère des Travaux publics.

Cette prescription se trouve dans une circulaire du 3 mars 1853, dont nous donnons ci-après le texte, et qui reproduit elle-même une autre circulaire du 18 février précédent, émanant du Ministère des Finances, et rappelant le même principe.

Quant à la loi du 3 mai 1841, nous n'avons pas cru devoir en donner ici le texte, d'abord à cause de son étendue, ensuite parce qu'aux termes de son article 75 « *les* « *formalités prescrites par les titres 1 et 2 de ladite loi (Dispo-* « *sitions préliminaires; mesures d'administration relatives à* « *l'expropriation) ne sont applicables, ni aux travaux militaires,* « *ni aux travaux de la Marine royale.* »

§ 5. — LOGEMENTS.

NOTE PRÉLIMINAIRE.

L'affaire des logements a toujours été assez compliquée dans le Département de la Marine.

Aux termes du règlement du 16 décembre 1815, les principaux Chefs du Service étaient logés. Ce système fut modifié, en partie, par une décision royale du 5 juillet 1820; et, en 1827, après le rétablissement des Préfectures maritimes [1], le logement en nature, maintenu dans les ports militaires pour les Préfets, a été, quant aux membres des Conseils d'administration, remplacé par l'indemnité indiquée ci-après (*Décision ministérielle du 1er mars 1827. — Ports*) :

Cherbourg et Lorient...................... 1,000f
Rochefort............................. 1,200
Brest et Toulon........................ 1,500

Plus tard, une ordonnance du 14 décembre 1840, en confirmant cette première allocation, a étendu le bénéfice des indemnités de logement à tout le Service général des ports. — Ces dernières varient de 240 à 960 francs par an.

---

[1] Le système des Préfectures maritimes, créé par l'arrêté consulaire du 7 floréal an VIII (27 avril 1800), abandonné en conformité d'une ordonnance du 29 novembre 1815, a été rétabli par ordonnance du 27 décembre 1826. — (*Répertoire général des lois de la Marine*, — tome I", page 55. — Écrits divers de P.-L. BOURSAINT, — page 117.)

Nous devons mentionner également la décision royale du 17 janvier 1841, rectificative du tarif annexé à l'ordonnance du 14 décembre 1840; — la décision du 25 janvier 1841, maintenant une indemnité spéciale de logement, accordée d'ancienne date, à plusieurs fonctionnaires du Havre, de Nantes et de Bordeaux; — enfin, une autre décision du 3 juin de la même année, relative à l'allocation de moitié en sus de l'indemnité accordée à certains fonctionnaires employés à Paris.

Successivement modifiées, les dispositions de ces divers actes ont été réunies en dernier lieu dans le décret du 19 octobre 1851, portant règlement sur la solde.

Il faut rappeler, en outre, que les tarifs annexés à ce décret ont été eux-mêmes révisés depuis et remplacés par de nouveaux tarifs sanctionnés le 15 août 1856.

Aux termes de ces derniers tarifs, les indemnités de logement varient aujourd'hui de 240 à 1,800 francs par an.

Nous ne sommes entré dans ces détails qu'à titre de simples renseignements. Nous avions surtout ici pour objet les règles applicables aux *logements en nature*. Ce sont celles que nous avons insérées à la suite de la présente note.

§ 6. — RESPONSABILITÉ DES ORDONNATEURS.

NOTE PRÉLIMINAIRE.

Souvent agitée, jamais résolue, cette question est l'une des plus délicates que l'on puisse rencontrer dans l'examen de celles qui se rattachent aux fonctions publiques. — C'est qu'il est impossible en effet, de poser d'avance, et d'une manière absolue, les bases d'une *responsabilité*, qui se présente sous tant d'aspects divers, variable comme les circonstances et la nature même des opérations qui peuvent la dégager et la produire. — Il s'agit, en définitive, dans l'espèce, d'une de ces questions, à peu près insolubles, indéfiniment soumises à la controverse.

S'il était besoin d'une preuve de cette vérité, nous la trouverions dans la discussion qui eut lieu, en 1835, au sein de la Chambre des Députés, d'un projet de loi relatif à la *Responsabilité des Ministres*.

Bien que la loi, votée par la Chambre, n'ait pas reçu la sanction des trois Pouvoirs, il faut toujours tenir grand compte des principes posés et reconnus dans cette discussion.

Or, dans la séance du 19 mars 1835, et à la suite d'observations présentées, notamment par M. le Ministre de la Justice [1], il fut admis :

Que les Ordonnateurs, c'est-à-dire les Ministres et les

____

[1] M. Persil.

fonctionnaires placés sous leurs ordres, à divers titres, ne devaient pas être *civilement* responsables des erreurs qui seraient reconnues dans les pièces comptables sur lesquelles les ordonnances et les mandats de payement auraient été délivrés;

Et que la responsabilité *civile* ne pouvait être admise que lorsqu'il y aurait trahison, dol, concussion ou malversation [1].

Nous rappellerions encore, au besoin, dans cette grave affaire, la correspondance échangée, un peu plus tard, entre les différents Ministères, c'est-à-dire vers la fin de la même année 1835, lorsqu'on essaya de remettre encore une fois la question à l'examen.

On retrouverait encore là les mêmes principes.

Ainsi, dans une dépêche du 21 novembre 1835, M. le Ministre de l'Instruction publique [2] soutenait « que c'était « le devoir de l'Ordonnateur de veiller à ce que le travail « administratif qui précède l'ordonnancement se fît avec « exactitude, et de poursuivre avec soin le recouvrement « des sommes indûment payées par suite d'erreurs dans ce « travail; mais que de telles erreurs ne sauraient entraîner « pour lui aucune responsabilité personnelle, car à ce prix « l'administration serait impossible. »

Et, dans une autre dépêche portant la date du 23 du même mois, à l'adresse de M. le Ministre des Finances [3], M. le Ministre de la Guerre [4] s'exprimait ainsi :

[1] Séance du 19 mars 1835. — Art. 6 du projet de loi. — Ce projet a été voté dans la séance du 2 avril, à la majorité de 185 voix contre 161.

[2] M. Guizot.

[3] M. Humann.

[4] M. le Maréchal Maison.

« Vous-même, Monsieur et cher Collègue, dans un dis-
« cours qui a produit une sensation remarquable sur l'As-
« semblée, vous vous êtes prononcé pour les mesures de
« rigueur, en cas d'infraction aux lois de finances; pour la
« censure et le blâme, en cas d'inattention et de légèreté,
« et pour une entière indulgence envers le fonctionnaire
« qui se trompe, parce que *l'erreur est une triste condition*
« *de la nature humaine et que l'infaillibilité n'est point de ce*
« *monde.* »

Nous pourrions ajouter à cette analyse, en rappelant
également la correspondance échangée, vers la même
époque [1] et même antérieurement [2], entre les deux Départements de la Marine et des Finances. — Nous croyons
en avoir dit assez pour constater de nouveau l'importance
et la difficulté de la question, et nous ne pouvions pas
avoir d'autre but.

Nous nous bornerons à rappeler, en terminant, que,
dans le décret du 19 octobre 1851 portant règlement sur
les allocations de solde et accessoires de la solde, le Département de la Marine a consacré le principe établi par
les discussions précédentes. Il sera facile de s'en con-
vaincre en consultant l'article 168 du décret dont nous
donnons plus loin le texte.

[1] 23 octobre 1835 (Finances). — 13 novembre 1835 (Marine).

[2] Novembre 1831.

§ 11. — VENTES D'OBJETS HORS DE SERVICE.

NOTE PRÉLIMINAIRE.

Nous avons réuni sous ce titre quelques extraits d'actes qui, bien que n'étant plus appliqués aujourd'hui, paraissent assez curieux à consulter au point de vue des hésitations auxquelles ont longtemps donné lieu les *ventes d'objets hors de service*. — Mais là, comme ailleurs, on retrouve encore la précision et la clarté de l'ordonnance du 14 septembre 1822, qui ne laisse aucune incertitude sur les opérations dont il s'agit. — L'article 3 de cette ordonnance dispose que les Ministres ne peuvent accroître, par aucune recette particulière, le montant des crédits affectés aux dépenses de leur Service, et qu'en cas de vente d'objets inutiles, le produit de cette vente est versé au Trésor et porté en recette au chapitre des *Produits divers*.

Voici, d'après les dernières règles en vigueur, comment les choses s'accomplissent [1].

Aucune vente de denrées, d'objets mobiliers ou immobiliers provenant du matériel de la Marine, n'a lieu sans l'intervention des fonctionnaires du Commissariat et des préposés des Domaines.

Les procès-verbaux d'adjudication sont dressés par les préposés des Domaines, de concert avec les membres du

[1] Règlement financier du 31 octobre 1840, — articles 179 à 186.

Commissariat présents aux ventes, ou avec leurs suppléants.

Ces procès-verbaux indiquent :

La date des ordres ou autorisations en vertu desquels les ventes ont été faites;

Les espèces et quantités des objets mis en vente;

Les mesures prises pour donner aux adjudications toute la publicité désirable;

Le détail de ce qui s'est passé aux enchères;

Les prix d'adjudication;

Les noms et qualités des adjudicataires;

Le montant des ventes;

Le détail des frais occasionnés par les ventes;

Le restant net du produit des ventes.

Le produit brut de chaque vente est versé dans la caisse de l'Administration de l'Enregistrement et des Domaines qui demeure chargée de payer les frais de toute nature occasionnés par lesdites ventes, au moyen des crédits ouverts au budget du Ministère des Finances.

Un duplicata du récépissé de la somme versée par l'adjudicataire et une expédition du procès-verbal d'adjudication sont remis au fonctionnaire de l'Administration qui a dirigé l'opération.

A l'expiration de chaque trimestre, les fonctionnaires du Commissariat dressent, par sous-arrondissement maritime, des bordereaux de toutes les sommes versées dans les caisses de l'Administration de l'Enregistrement et des Domaines, pour le produit des ventes opérées pendant le trimestre expiré.

Après avoir été certifiés conformes aux écritures des Receveurs par les Directeurs des Domaines, à qui la communication a dû en être faite avec les récépissés et procès-verbaux mentionnés plus haut, ces bordereaux sont adressés au Ministre (*Direction de la Comptabilité générale*), le 10 du premier mois de chaque trimestre, avec les pièces à l'appui.

Dans le cas où il n'aurait été effectué aucun versement pendant le trimestre, il doit être dressé un bordereau négatif, qui est également soumis au visa du Directeur des Domaines.

Le produit de toutes les ventes d'objets mobiliers ou immobiliers appartenant au Ministère de la Marine, après avoir été versé dans la caisse de l'Administration de l'Enregistrement et des Domaines, est porté en recette au budget de l'exercice courant.

En cas de difficulté dans la rentrée des produits, les agents des Domaines demeurent chargés des poursuites à exercer contre les débiteurs.

MANUEL FINANCIER.

ANNEXES.

ANNEXE N° 1.

(Voir la *Note préliminaire* du titre Comptes, — page 55 du Manuel.)

Tableau des crédits et des dépenses de la Marine et des Colonies,
à partir de l'année 1820.

Nota. — Ce tableau est suivi :

1° Du relevé comparatif du nombre de marins employés chaque année;

2° Du relevé des calculs établis à diverses époques pour arriver à connaître
la *dépense moyenne des hommes embarqués, par homme et par an.*

ANNEXE N° 1.

MINISTÈRE DE LA MARINE ET DES COLONIES.

Tableau des crédits et des dépenses de la Marine et des Colonies, à partir de l'année 1820.

EXERCICES.	CRÉDITS.			DÉPENSES RECONNUES D'APRÈS LES COMPTES DÉFINITIFS.		
	Service marine.	Service colonial.	TOTAL.	Service marine.	Service colonial.	TOTAL.
1820	43,930,000f	6,070,000f	50,000,000f	41,306,099f	5,115,047f	49,421,146f
1821	47,022,000	5,058,000	52,080,000	47,080,594	5,194,632	52,275,226
1822	54,132,000	5,858,000	59,090,000	55,180,618	5,637,485	60,818,103
1823	54,141,000	5,850,000	60,000,000	66,672,870	6,870,687	73,543,506
1824	53,825,000	6,175,000	60,000,000	58,718,748	4,737,545	63,456,293
1825	56,500,000	5,000,000	61,500,000	57,526,142	4,824,306	62,350,448
1826	58,500,000	·	58,500,000	58,897,706	·	58,897,706
1827	62,400,000	·	62,400,000	62,308,662	·	62,308,662
1828	(a) 80,275,000	·	80,275,000	81,179,063	·	81,179,063
1829	72,163,656	·	72,163,656	73,630,848	·	73,630,848
1830	85,750,000	7,500,000	93,250,000	83,328,951	7,817,514	91,146,465
1831	64,986,700	6,200,000	71,186,700	65,269,746	6,562,791	71,832,537
1832	58,725,066	7,000,000	65,725,066	57,236,596	7,287,813	64,524,409
1833	59,206,518	7,000,000	66,206,518	57,336,631	6,826,212	64,182,843
1834	57,774,215	7,000,000	64,774,215	55,019,318	6,989,087	62,008,405
1835	57,211,441	7,170,400	64,381,841	55,200,581	7,133,120	62,333,701

(a) Pendant la période de 1826 à 1829 inclusivement, les dépenses des Services militaires aux Colonies ont été portées aux budgets de la Guerre.

EXPLICATIONS DES DIFFÉRENCES D'UN EXERCICE A L'AUTRE.

Différence en plus à 1821. — Formation de la division navale du Levant. — Augmentation de 3,032 hommes dans les équipages.

1822. — Extension des armements du Levant. — Modification du cadre des officiers de vaisseau et de santé. — Création d'un corps de troupes d'infanterie de Marine pour la garde des ports et arsenaux. — Développement des travaux du matériel naval.

1823. — Guerre d'Espagne. — Augmentation neutralisée par des réductions correspondantes sur d'autres parties du service.

1825. — Mission à Saint-Domingue. — Augmentation de la solde des équipages embarqués. (*Ordonnances des 17 mars et 23 juin 1824.*)

1826. — Transport au budget de la Guerre de la dépense des garnisons coloniales. — Réduction atténuée par une nouvelle organisation des équipages de ligne et par l'extension des armements, motivée sur la situation des affaires de la Grèce.

1827. — Nouvelle extension des armements pour les ports d'Espagne et le Levant. — Construction de bâtiments à vapeur.

1828. — Nouvelle extension des armements portés de 185 à 205 bâtiments; effectifs embarqués portés de 17,135 à 26,160 hommes. (*Évacuation de l'Espagne; expédition de Morée; blocus des ports de l'Algérie; mission de l'amiral Roussin au Brésil.*) — Achat et construction de bâtiments à vapeur. — Célérité imprimée aux travaux du matériel naval et de l'artillerie. — Achèvement anticipé de six frégates.

1829. — Réduction d'environ 8 millions sur les dépenses du matériel naval.

1830. — Augmentation de 1,199 hommes dans l'effectif des équipages embarqués, au nombre de 28,238 hommes (*Expédition d'Alger; occupation de la Morée, etc.*) — Affrétement pour les transports de troupes (7,940,000f). — Impulsion donnée aux travaux du matériel naval. — Réimputation sur les crédits de la Marine des dépenses des services militaires aux Colonies qui, depuis 1826, étaient à la charge du département de la Guerre (7,500,000f).

1831. — Réduction de 8,032 hommes dans l'effectif des équipages embarqués et de 45 bâtiments dans les armements extraordinaires. — Diminution de 7,140,000 francs dans les dépenses d'affrétements pour transports de troupes.

1832. — Nouvelle réduction de 5,360 hommes dans l'effectif des équipages embarqués. — Armements réduits de 161 à 156 bâtiments.

1834. — Réduction de 408 hommes dans l'effectif des équipages. — Ralentissement des travaux du matériel naval.

ANNEXE N° I. (Suite.)

Suite du *Tableau des crédits et des dépenses de la Marine et des Colonies, à partir de l'année 1820.*

EXERCICES.	CRÉDITS.			DÉPENSES RECONNUES D'APRÈS LES COMPTES DÉFINITIFS.		
	Service marine.	Service colonial.	TOTAL.	Service marine.	Service colonial.	TOTAL.
1836	62,115,108ᶠ	7,624,010ᶠ	69,739,418ᶠ	61,059,301ᶠ	7,687,054ᶠ	68,746,355ᶠ
1837	58,274,343	7,021,630	65,895,973	59,089,701	7,864,895	66,954,686
1838	64,543,400	7,625,515	72,168,915	64,465,852	8,044,412	72,510,264
1839	69,644,696	9,773,067	79,417,757	70,640,416	9,823,937	80,464,353
1840	87,018,000	10,654,100	97,672,100	87,071,564	10,971,651	98,043,215
1841	117,819,948	12,804,832	130,624,780	115,817,021	11,564,413	125,181,434
1842	119,696,226	19,332,012	139,028,238	114,008,252	19,004,742	133,012,993
1843	94,284,961	27,552,129	121,757,090	93,870,833	24,987,110	118,857,443
1844	102,113,055	23,383,048	125,496,103	99,130,656	21,633,810	120,764,466
1845	99,153,240	23,318,903	122,502,143	96,840,747	22,577,000	119,417,747
1846	116,499,094	23,748,067	140,247,101	111,509,872	22,210,180	133,720,052
1847	133,199,202	24,894,313	158,093,515	126,997,037	24,411,275	151,408,312
1848	129,700,909	23,914,868	153,615,777	124,395,665	22,023,516	146,419,181
1849	102,253,388	25,922,792	128,176,180	97,906,057	24,942,793	122,848,850
1850	90,937,532	19,507,511	110,445,043	84,867,389	18,928,416	103,795,805

EXPLICATIONS DES DIFFÉRENCES *D'UN EXERCICE À L'AUTRE.*

1836. — Armements portés de 165 à 171 bâtiments. — Effectif à la mer accru de 5,057 hommes. — Amélioration de la solde des équipages. — Première expédition de Constantine. — Escadre de la Méditerranée. — Augmentation des garnisons coloniales.

1837. — Réduction provenant principalement du ralentissement des travaux du matériel naval.

1838. — Extension des armements (*198 bâtiments dont 10 vaisseaux, 16 frégates, 25 bâtiments à vapeur*). — Accroissement d'effectif de 1,767 hommes à terre et à la mer. (*Blocus de Buénos-Ayres; prise de Martin-Garcia; expédition du Mexique; prise de Saint-Jean-d'Ulloa, etc.*)

1839. — Armements portés à 218 bâtiments (*dont 13 vaisseaux, 16 frégates, 28 bâtiments à vapeur*). — Effectifs embarqués, 25,457 hommes. — Développement des travaux du matériel naval. (*Station du Levant; stations à la côte d'Espagne; extension de la division chargée du blocus de Buénos-Ayres.*)

1840. — Armements portés à 228 bâtiments (*dont 20 vaisseaux, 24 frégates, 30 bâtiments à vapeur.*) — Effectif à la mer, 33,107 hommes. (*Affaires d'Orient; expédition navale contre Buénos-Ayres; mission de la Belle-Poule à Sainte-Hélène, etc.*) — Augmentation de l'effectif de l'infanterie de marine (7,800,000f). — Extension des travaux du matériel naval (7,300,000f) et des travaux hydrauliques et bâtiments civils (1,600,000f). — Accroissement des dépenses des services militaires et travaux extraordinaires aux Colonies; secours extraordinaires aux colons de la Martinique (1,500,000f).

1841. — Indemnité de logement aux ... de la Marine par assimilation avec la Guerre (803,000f). — Accroissement des effectifs à la mer portés de 33,107 à 40,171 hommes (8,700,000f). — Extension des travaux du matériel naval (16,000,000f, dont 10,000,000f alloués par la loi du 16 juillet 1840, pour les paquebots transatlantiques). — Travaux de fortifications des Colonies, etc.

1842. — Exécution de la loi du 25 juin 1841 sur les travaux extraordinaires (*Fort-Boyard; Cherbourg; casernes, etc.*) — Exécution de la loi du 25 juin 1841 rattachant au budget de l'État les recettes et les dépenses locales des Colonies (environ 7 millions).

1843. — Réduction sur les armements et sur les travaux, compensée par une augmentation au service colonial, qui comprend 5,400,000f pour la création des établissements français de l'Océanie.

1844. — Augmentation portant principalement sur les travaux extraordinaires.

1845. — Réduction des effectifs à terre et à la mer.

1846. — Extension des armements portés de 235 à 243 bâtiments et de 28,979 à 30,970 hommes. — Incendie du Mourillon. — Constructions spéciales pour la croisière d'Afrique.

1847. — Nouvel accroissement des effectifs à la mer portés à 32,169 hommes et des troupes de la marine portées de 13,851 à 15,887 hommes. — Loi des 93 millions (*13 millions employés en 1847*). — Constructions spéciales pour la côte d'Afrique (1,000,000f).

1848. — Réduction sur les effectifs à la mer abaissés de 32,169 à 28,760 hommes et sur l'effectif des troupes de la marine. — Réduction sur les dépenses de l'Océanie et de divers établissements coloniaux subventionnés.

1849. — Réduction des armements ramenés de 242 à 211 bâtiments et de 28,760 à 27,063 hommes. — Réduction des troupes. — Cessation des constructions relatives à la croisière des côtes occidentales d'Afrique (1,300,000f). — Réduction des constructions hydrauliques (1,300,000f). — Réduction considérable de l'annuité de la loi des 93 millions (*2,300,000f au lieu des 13 millions de 1847 et 1848*). — Réduction des travaux de Cherbourg.

1850. — Diminution des armements et notamment de ceux relatifs à la croisière des côtes occidentales d'Afrique, et, par suite, réduction des effectifs à la mer ramenés de 27,063 à 24,679 hommes. — Nouvelle réduction des troupes. — Ralentissement des travaux du matériel naval; ajournement d'achats d'approvisionnements généraux. — Réduction sur les constructions hydrauliques ordinaires et extraordinaires.

ANNEXE

Suite du *Tableau des crédits et des dépenses de la Marine*

| EXERCICES. | CRÉDITS. | | | DÉPENSES RECONNUES D'APRÈS LES COMPTES DÉFINITIFS. | | |
	Service marine.	Service colonial.	TOTAL.	Service marine.	Service colonial.	TOTAL.
1851........	85,339,313ᶠ	19,310,082ᶠ	104,649,395ᶠ	82,010,357ᶠ	18,840,806ᶠ	100,851,163ᶠ
1852........	95,788,093	22,469,582	118,197,675	86,008,653	21,018,623	107,025,276
1853........	101,527,301	22,975,500	124,502,801	99,502,232	22,868,039	122,370,271
1854........	179,192,801	23,534,775	202,727,576	177,763,456	23,421,701	201,185,157
1855........	225,956,122	26,334,719	252,290,841	217,106,124	26,002,591	243,108,715
1856........	226,603,699	17,401,900	244,005,599	209,016,482	17,390,181	226,406,663

Nᵒ 1. (Suite.)
et des Colonies, à partir de l'année 1820.

EXPLICATION DES DIFFÉRENCES *D'UN EXERCICE A L'AUTRE.*

1851. — Nouvelle réduction des armements ramenés de 269 à 261 bâtiments. — Ralentissement des travaux et des approvisionnements du matériel naval. — Réduction sur les travaux extraordinaires du service marine.

1852. — Armements extraordinaires pour la translation des forçats et des transportés à Cayenne et en Algérie. — Remplacement, dans les travaux, des condamnés par des ouvriers libres, etc. — Travaux extraordinaires (construction de fosses d'immersion, de magasins des vivres; extension des travaux de Cherbourg). — Création d'un établissement pénitentiaire à Cayenne. — Création d'évêchés; augmentation du clergé aux Colonies.

1853. — Armements extraordinaires par suite de la complication des événements d'Orient qui ont exigé l'emploi à la mer de 3,497 hommes de plus qu'en 1852. — Renchérissement des denrées. — Extension des achats d'approvisionnements généraux et des travaux du matériel naval qui ont élevé de 1,500 le nombre des ouvriers des arsenaux. — Impulsion plus vive donnée aux travaux de Castigneau et à ceux de l'arsenal de Cherbourg. — Accroissement des dépenses du service colonial, principalement motivé, tant par l'augmentation des travaux des fortifications et des bâtiments militaires à la Martinique, à la Guadeloupe, à la Réunion et au Sénégal, que par l'expédition militaire de Podor.

Nota. D'après le compte spécial de la guerre d'Orient, les armements faits en 1853, en prévision de cette guerre, ont occasionné une dépense de 4,633,710 fr. 44 c.

1854. — *Guerre d'Orient.* — Augmentation de l'effectif des équipages à terre et à la mer porté de 53,348 à 56,788 hommes. — Élévation du prix des denrées. — Accroissement des armements et des travaux du matériel naval. (Exécution de constructions spéciales, telles que bombardes, canonnières, transports à vapeur.) — Accroissement des dépenses du service colonial résultant surtout du développement donné aux établissements pénitentiaires de la Guyane.

Nota. Le compte spécial de la guerre d'Orient fait ressortir la dépense extraordinaire de cette guerre à 79,742,395 fr. pour l'année 1854.

1855. — *Guerre d'Orient.* — Nouvel accroissement des armements porté de 254 à 322 voiles et des effectifs des équipages qui ont été élevés de 55,788 à 65,207 hommes. — Augmentation des travaux du matériel naval. — Achats extraordinaires d'approvisionnements généraux, de machines et de chaudières à vapeur; transformation et construction de vaisseaux et frégates; consommations considérables de charbon de terre, de poudres et de projectiles. — Augmentation des dépenses aux Colonies, soit par suite des fortes épidémies qui ont marqué le cours de 1855, et à raison du développement des établissements pénitentiaires et de l'introduction de travailleurs libres, soit enfin par l'état de guerre du Sénégal.

Nota. Le compte spécial de la guerre d'Orient accuse, pour 1855, un chiffre de dépense de 107,718,368 fr.

1856. — Diminution de dépenses due à deux causes principales, savoir :
Service marine. — Rétablissement de la paix, qui a permis de ramener les armements de 322 à 310 bâtiments et de diminuer l'effectif des équipages à la mer de 13,597 hommes;
Service colonial. — Exécution du décret du 26 septembre 1855, qui réorganise le service financier et classe en dehors du budget de l'État les dépenses du service local, qui ont figuré dans celui de 1855 pour 7,329,039 fr. 14 c.

Nota. D'après le compte spécial de la guerre d'Orient, le chiffre des dépenses a été, pour 1856, de 96,743,135 fr.

ANNEXE N° I. (Suite).

Suite du *Tableau des crédits et des dépenses de la Marine et des Colonies, à partir de l'année 1820.*

EXERCICES.	CRÉDITS.			DÉPENSES RECONNUES D'APRÈS LES COMPTES DÉFINITIFS.			EXPLICATIONS DES DIFFÉRENCES *D'UN EXERCICE A L'AUTRE.*
	Service marine.	Service colonial.	TOTAL.	Service marine.	Service colonial.	TOTAL.	
1857........	127,118,631ʳ	17,492,200ʳ	144,610,831ʳ	126,118,509ʳ	17,390,010ʳ	143,509,428ʳ	1857. — Économie principalement due au rétablissement de la paix avec la Russie et compensée par diverses augmentations de dépenses résultant surtout des causes suivantes : 1° complément des dépenses engagées pendant la guerre ; 2° appropriation des ports aux besoins de la flotte ; 3° expédition de l'Indo-Chine, qui a employé 9 bâtiments à l'effectif de 1,548 hommes.
							Nota. Le compte spécial de la guerre d'Orient fait ressortir, pour 1857, une somme de 10,005,790 fr. 9¹ cent. pour dépenses complémentaires.
1858 (a)......	(b) 136,978,367	.....(c).....	136,978,367	134,920,475	.....(c).....	134,920,475	1858. — Augmentation due à deux causes principales : 1° accroissement notable des armements pour l'expédition de Chine ; 2° extension des travaux du matériel naval et des constructions hydrauliques dans les ports, en vertu d'une décision impériale rendue, sur l'avis du Conseil d'État, le 23 novembre 1857, pour la transformation de la flotte.

(a) Dernier compte rendu à la date du mois de mai 1860.
(b) Déduction faite de 198,647 francs reportés, conformément à un décret du 8 juillet 1858, au budget du Minis- tère de l'Algérie et des Colonies créé par un autre décret du 24 juin précédent.
(c) En exécution de ce dernier décret, le compte du *Service colonial* a dû cesser d'être rattaché à celui du Dépar- tement de la Marine.

ANNEXES.

ANNEXE N° 1. (Suite.)

1. — Relevé comparatif du nombre de marins employés chaque année, à partir de l'année 1820.

DÉSIGNATION des ANNÉES.	D'APRÈS LE BUDGET. MARINS			D'APRÈS LES COMPTES. MARINS			DIFFÉRENCES d'après LES COMPTES.	
	employés à terre.	embarqués.	TOTAL.	employés à terre.	embarqués.	TOTAL.	En plus.	En moins.
1820............	"	8,750	8,750	"	10,782	10,782	2,032	"
1821............	"	10,690	10,690	"	13,814	13,814	3,124	"
1822............	"	13,225	13,225	"	12,596	12,596	"	629
1823............	"	11,225	11,225	"	17,133	17,133	5,908	"
1824............	44	10,693	10,737	310	16,849	17,159	6,422	"
1825............	44	14,963	15,007	269	15,385	15,654	347	"
1826............	44	12,379	12,423	2,817	16,065	18,012	6,489	"
1827............	1,352	12,477	13,829	2,571	17,135	19,706	5,877	"
1828............	5,847	13,673	19,520	3,750	26,460	30,210	10,690	"
1829............	6,139	12,926	19,065	5,440	27,039	32,479	13,414	"
1830............	5,841	12,926	18,767	4,101	28,238	32,339	13,572	"
1831............	6,573	10,244	16,817	6,244	20,206	26,450	9,633	"
1832............	6,444	14,497	20,941	5,726	14,846	20,572	"	369
1833............	5,507	15,301	20,811	4,544	15,807	20,351	"	460
1834............	6,778	12,744	19,522	4,646	15,297	19,943	421	"
1835............	4,803	14,901	19,704	2,990	16,628	19,618	"	86
1836............	4,943	14,904	19,847	3,903	21,685	25,588	5,741	"
1837............	5,501	15,001	20,502	3,313	23,812	27,125	6,623	"
1838............	3,279	23,723	27,002	4,392	24,500	28,892	1,890	"
1839............	3,294	22,236	25,530	3,681	25,457	29,138	3,608	"
1840............	4,175	22,420	26,595	3,794	33,107	36,901	10,306	"
1841............	4,286	22,464	26,750	4,492	40,171	44,663	17,913	"
1842............	2,702	42,772	45,474	4,736	36,416	41,152	"	4,322
1843............	3,838	24,289	28,127	4,582	31,345	35,927	7,800	"
1844............	3,770	26,999	30,769	4,535	30,240	34,775	4,006	"
1845............	4,560	24,513	29,073	6,148	28,979	35,127	6,054	"
1846............	3,233	25,769	29,002	4,355	30,970	35,325	6,323	"
1847............	2,632	29,391	32,023	4,645	32,169	36,814	4,701	"
1848............	2,632	29,331	31,963	4,988	28,760	33,748	1,785	"
1849............	1,497	29,331	30,828	4,057	27,063	31,120	292	"
1850............	2,632	25,927	28,559	4,753	24,679	29,432	873	"
1851............	2,624	22,561	25,185	4,147	22,316	26,463	1,278	"
(A)								
1852............	2,560	28,185	30,745	4,646	25,016	29,662	"	1,083
1853............	2,625	24,624	27,249	4,815	28,513	33,328	6,079	"
1854............	2,625	24,624	27,249	7,956	48,812	56,768	29,519	"
1855............	4,000	28,510	32,510	10,528	54,479	65,007	32,497	"
1856............	3,257	29,856	33,113	11,666	40,882	52,548	19,435	"
1857............	3,257	29,856	33,113	6,697	29,289	35,986	2,873	"
1858............	3,257	29,856	33,113	6,269	29,602	35,871	2,758	"
1859............	4,224	25,784	30,008					
1860............	4,259	26,320	30,588	(b)	"	"	"	"
1861............	4,259	26,366	30,625					

(A) Effectif du budget rectifié par décret du 17 mars 1852. — Le projet primitif du budget de 1852, voté en partie par l'Assemblée législative au mois de décembre 1851, ne comprenait que 24,969 hommes, dont 22,409 embarqués.

(b) Comptes à rendre. — Par suite des événements d'Italie et de l'expédition de l'Indo-Chine, le nombre des bâtiments armés, au mois de juin 1859, était de 275, et l'effectif des équipages à terre et à la mer s'élevait alors à 50,646 hommes.

ANNEXE N° 1. (Suite.)

Paris. — 1851.

2. — *Relevé des calculs établis, à diverses époques, pour arriver à connaître la* DÉPENSE *MOYENNE DES HOMMES EMBARQUÉS, PAR HOMME ET PAR AN.*

	1832.	1834.	1844.	1849.	1851.
Solde..	450ᶠ	609ᶠ	500ᶠ	565ᶠ	550ᶠ
Hôpitaux..	24	»	25	25	17
Vivres..	265	303	300	375	386
Matériel...	291	175	375	375	729
	1,030	1,087	1,200	1,340(a)	1,682(b)

(a) On lit à la page 243 du Budget rectifié de 1849, préparé en décembre 1848 (Note préliminaire) :

. . . .

« Les dépenses de tout genre pour l'entretien des navires et de leurs équipages diminuent en raison de l'accrois-
«sement de force de ces mêmes navires; ainsi un marin embarqué sur un transport coûte, terme moyen, par
«année.. 1,800ᶠ
« Sur un bâtiment léger.. 1,500
« Sur un brick de guerre ou une corvette... 1,300
« Sur une frégate... 1,200
« Et sur les plus grands vaisseaux 1,100
Ces calculs, fournis par la Direction du Personnel, raisonnant sur des positions spéciales, confirmeraient au
besoin ceux qui ont été établis dans le travail ci-joint par la Direction de la Comptabilité, opérant sur l'ensemble
des dépenses portées au budget.

(b) L'élévation de ce dernier chiffre résulte des nouvelles bases adoptées par la Direction des Travaux pour les
calculs du *Matériel.* (Voir les développements.)

———

EXTRAIT d'un rapport présenté, dans la séance du 27 juin 1844, par une Commission de finances de la Chambre des Députés (page 17) :

. . . .

. . . .

« Lorsqu'on s'occupe du budget de la Marine, on a pour habitude de raisonner et
« d'établir des comparaisons sur *le nombre des bâtiments armés,* au lieu de prendre pour

« élément de discussion *le nombre des hommes embarqués ;* ne serait-il pas désirable de
« changer cet usage et d'en introduire un autre?

. . . .

« Une longue expérience a fait connaître qu'en Angleterre, quels que soient le rang et
« la force des bâtiments armés de l'État, et abstraction faite de toute circonstance de
« guerre et de naufrage, la dépense est toujours proportionnelle au *nombre d'hommes em-*
« *barqués.* On ne demande donc pas dans le budget anglais un crédit nécessaire pour avoir
« tant de vaisseaux, frégates et autres bâtiments armés, mais un crédit qui permette d'em-
« ployer tant d'hommes à bord de la flotte. Le Ministre détermine ensuite, sous sa respon-
« sabilité, sur quels navires il doit placer les hommes qu'on lui accorde. Pourquoi n'agi-
« rions-nous pas de la même manière en France? Nous croyons en avoir dit assez pour
« éveiller l'attention de la Chambre et celle de M. le Ministre de la Marine, et nous appe-
« lons ses investigations sur ce point. »

(Suivent les développements des calculs pour chaque année.)

ANNEXE N° 1. (Suite.)

CALCULS DE 1832.

DÉPENSE MOYENNE par homme et par an........................... 1,030^f

SOLDE.

BUDGETS.	SOLDE. (Déduction faite de la solde à terre des états-majors.)	EFFECTIFS.	MOYENNES.
1830, page 126...........	6,416,800^f	12,000 hommes.	497^f
1831, page 121...........	5,217,000	10,244	512
1832, page 99...........	7,248,000	14,500	499

Total.......................			1,508
Le tiers...................			.... 502^{f}66^c

Moyenne prise sur un vaisseau de 74 canons....................................	377^f
—————— sur une frégate de 3e rang...................................	412
—————— sur une corvette de guerre de 24..................................	459
Total.....................	1,248
Le tiers.................	.... 416 00

Ainsi, en prenant 450 francs par homme et par an pour la dépense moyenne de la solde, on est aussi près que possible de la vérité.. .... 450^{f}00^c

HÔPITAUX.

Équipage d'un vaisseau de 74 canons, 563 hommes, 37 malades (le quinzième), 13,870 journées à 95 centimes, 13,200 francs, somme ronde, et par homme (division par 563).. .... 24 00

VIVRES.

Équipage d'un vaisseau de 74 canons, 563 hommes, et 562 moins le commandant, 205,130 rations à 0^{f}7279, prix complet de 1830, et par homme...................... .... 265 00

MATÉRIEL D'ARMEMENT. (Tarifs de 1827.)

Différence entre le désarmement et l'armement pour un vaisseau de 74 à 563 hommes d'équipage :

Renouvellement du matériel d'armement....................................	44,400^f
Entretien des coques..	16,000
Entretien du matériel d'armement....................................	74,900
Total......................	135,300
Et pour un homme........	.... 240 00 (A)

MATÉRIEL D'ARTILLERIE. (Tarifs de 1827.)

Mêmes bases que pour le matériel d'armement :

Renouvellement du matériel d'artillerie....................................	13,700^f
Entretien du matériel d'artillerie....................................	14,800
Total......................	28,500
Et pour un homme........	.... 51 00
Total de la dépense moyenne, par homme et par an......	........1,030 00

(A) En prenant pour base du calcul, comme pour la solde, un vaisseau de 74, une frégate de 3e rang et une corvette de 24, le résultat sera le même.

Un vaisseau...	210^f
Une frégate...	231	731^f
Une corvette...	213
Et pour le tiers...............................	244
Soit...............................	240

ANNEXE N° 1. (Suite.)

CALCULS DE 1834.

DÉPENSE MOYENNE par homme et par an .... 1,087^t

Solde et habillement...	609^{f}00 *
Vivres	303 00
Matériel de bord..	175 00
TOTAL........................	1,087 00

* NOTA. Ce calcul ,dont on n'a retrouvé que le résumé, a été remis au Ministre, en février 1834, par M. POUYER, Directeur du Personnel.

ANNEXE N° I. (Suite.)

CALCULS DE 1844.

Dépense moyenne par homme et par an...................... 1,200[f]

SOLDE.

BUDGETS.	SOLDE. (Déduction faite de la solde à terre des états-majors.)	EFFECTIFS.	MOYENNES.
1843, page 694............	12,005,293[f] 43[c]	24,289 hommes.	497[f] 97[c]
1844, page 764............	13,371,557 09	26,990	495 42
1845, page 764............	12,364,192 60	24,513	504 39

Total........................	1,497 78
Le tiers.......................	499 26

Hôpitaux...	21[f] 00[c]	
Vivres...	292 00	
Matériel d'armement..	267 00	(A) 686 00
Matériel d'artillerie.......................................	58 00	
Primes pour les bâtiments perdus. (Coques et Matériel d'armement).............	58 00	
Primes pour les Matériels d'artillerie............................	10 00	

Total........................	1,185 26

SOMMES RONDES.

Solde..	500 00
Hôpitaux...	25 00
Vivres...	300 00
Matériel d'armement....................................	325 00
Matériel d'artillerie...................................	50 00
Total de la dépense moyenne par homme et par an.................	1,200 00

(A) Chiffres extraits de la page 238 du livre de M. Topinier ayant pour titre : *Considérations sur la Marine et sur son budget.* (1841.)

ANNEXE N° I. (Suite.)

CALCULS DE 1849.

DÉPENSE MOYENNE par homme et par an...................... 1,340ᶠ

SOLDE.

BUDGETS.	SOLDE. (Déduction faite de la solde à terre des états-majors).	EFFECTIFS.	MOYENNES.
1848, page 902............	16,844,100ᶠ00ᶜ	20,331 hommes.	574ᶠ28ᶜ
1849, page 416............	15,074,800 00	27,372	572 65
1850, page 370............	14,128,100 00	25,027	544 06

TOTAL.............................	1,691 89
Le tiers..............................	563 96
Hôpitaux..............................	21 00

Vivres. (Budget de 1850, page 467.) Rations............................ 9,394,272ᶠ00ᶜ
Dépenses accessoires du service à la mer. (Suppléments de pain, consommations extraordinaires, etc.)............................ 333,000 00

9,727,272 00

Moyenne, à raison de 25,927 hommes............................	375 00

Matériel d'armement................................ 267ᶠ00ᶜ
Matériel d'artillerie................................ 38 00   (A) 375 00
Primes pour les bâtiments perdus. (Coques et matériel d'armement.)............ 28 00
Primes pour les bâtiments perdus. (Matériel d'artillerie.).................... 10 00

TOTAL............................	1,332 96

-SOMMES RONDES.

Solde...	565 00
Hôpitaux..	25 00
Vivres...	375 00
Matériel...	375 00
Total de la dépense moyenne par homme et par an.................	1,340 00

(A) Chiffres extraits de la page 238 du livre de M. TUPINIER ayant pour titre : *Considérations sur la Marine et sur son budget.* (1841.)

ANNEXE N° I. (Suite.)

CALCULS DE 1851.

DÉPENSE MOYENNE par homme et par an............................ 1,682ᶠ

Calculs établis sur un effectif de 22,561 hommes embarqués.
(Voir le budget de 1851, page 376.)

PAGES du budget.		DÉPENSE	
		totale.	moyenne.
	SOLDE.		
377	Solde à la mer, traitement de table, etc...............	10,268,070ᶠ	
392	Habillement des équipages embarqués.................	1,923,187	
392	Délivrances extraordinaires de vêtements aux équipages des bâtiments à vapeur et des bâtiments destinés pour Terre-Neuve et le cap Horn..........................	20,000	
392	Pertes éprouvées par les marins dans les événements de mer. (Les 5/6 de l'allocation portée au budget; le sixième restant s'applique aux pertes éprouvées lors des congédiements anticipés.).............................	16,987	12,320,253ᶠ 550ᶠ
412	Frais de pilotage des bâtiments expéditionnaires.........	70,000	
	HÔPITAUX.		
474	Dépenses effectuées à bord des bâtiments armés. (Drogues, médicaments, sangsues, linge à pansements, instruments, mobilier, etc.)................................	141,300	
»	Traitement, dans les hôpitaux de l'Algérie, de malades provenant des bâtiments armés. (Calcul établi par le bureau des hôpitaux sur la moyenne des cinq dernières années.)	12,140	387,440 17
474	Frais de quarantaine et patentes de santé...............	13,000	
474	Traitement de malades dans les Colonies et Consulats.....	221,000	
	VIVRES.		
475	8,234,765 rations de mer, à 1ᶠ0024 l'une...............	8,254,528	
475	Accessoires du service des subsistances à la mer. (Supplément de pain aux faméliques; consommations extraordinaires, fourniture d'eau douce, etc.)................	443,500	8,698,023 386
	A reporter...........................	21,405,721	953

ANNEXE N° 1. (Suite.)

Suite des Calculs de 1851.

Pages du budget.	MATÉRIEL.	PROPOR-TION des frais d'entre-tien, etc.	ÉVALUATION des dépenses.		DÉPENSE totale.	DÉPENSE moyenne.
	Report.......				21,405,721^f	053^f
	ÉTAT B. — ENTRETIEN DES COQUES.					
482	Bâtiments armés................ (Valeur 42,241,000^f).	0^f 04.	1,689,640^f			
483	Bâtiments en commission........ (Valeur 43,932,000^f).	0 0334	1,407,328			
	Bâtiments de servitude..........	"	266,000			
	ÉTAT C. — MATÉRIEL D'ARMEMENT.					
484	Bâtiments armés................ (Valeur 24,622,186^f).	0 30	7,386,655			
485	Bâtiments en commission........ (Valeur 24,313,352^f).	0 04	072,533			
	Bâtiments de servitude..........	"	143,000			
	ÉTAT D. — MATÉRIEL D'ARTILLERIE.					
486	Bâtiments armés................ (Valeur 6,708,209^f).	0 20	1,341,641			
	Bâtiments en commission........ (Valeur 8,188,600^f).	0 02	165,772	13,432,559^f		
	A DÉDUIRE :					
	(Pour frais d'entretien, etc. sur le pied de désarmement.)					
	ÉTAT B. — ENTRETIEN DES COQUES.					
483	Bâtiments armés................ (Valeur 42,241,000^f).	0 0334	1,410,850			
	Bâtiments en commission........ (Valeur 43,932,000^f).	0 0334	1,467,328			
	ÉTAT C. — MATÉRIEL D'ARMEMENT.					
485	Bâtiments armés................ (Valeur 24,622,186^f).	0 01	246,221			
	Bâtiments en commission........ (Valeur 24,313,352^f).	0 01	243,133	3,367,532		
	A reporter...........			10,065,037	21,405,721	053

ANNEXE N° I. (Suite.)

Suite des Calculs de 1851.

PAGES du budget.	MATÉRIEL. (Suite.)	ÉVALUATION des dépenses.		DÉPENSE totale.	DÉPENSE moyenne.
	Report........			21,405,721ᶠ	953ᶠ
	Report..........	....	10,065,037ᶠ		
	État E. — machines à vapeur.				
487	Renouvellement et entretien des machines des bâtiments armés et désarmés................	3,300,000ᶠ			
	À déduire :				
"	Frais d'entretien sur le pied de désarmement. (Évaluation donnée par le bureau des constructions navales.).......................	147,000	3,153,000		
	charbon de terre.				
487	Charbon de terre pour les bâtiments à vapeur seulement......l	2,227,000			
	dépense de l'extérieur.				
487	Entretien et réparation de bâtiments à l'Extérieur..........	1,000,000		16,445,037	720
	Totaux......................			37,850,758	1,682

SOMMAIRE

DES SUBDIVISIONS DU PRÉSENT MANUEL.

(Voir, en tête du volume, la TABLE DES MATIÈRES.)

FIN.

www.ingramcontent.com/pod-product-compliance
Ingram Content Group UK Ltd.
Pitfield, Milton Keynes, MK11 3LW, UK
UKHW021513090726
13657UKWH00001B/211